过程视角下虚拟学习社区用户的学习机制研究

GUOCHENG SHIJIAO XIA XUNI XUEXI SHEQU YONGHU DE XUEXI JIZHI YANJIU

宋慧玲　著

中国地质大学出版社
ZHONGGUO DIZHI DAXUE CHUBANSHE

图书在版编目(CIP)数据

过程视角下虚拟学习社区用户的学习机制研究/宋慧玲著.—武汉:中国地质大学出版社,2022.6

ISBN 978-7-5625-5270-3

Ⅰ.①过…
Ⅱ.①宋…
Ⅲ.①社区教育-研究
Ⅳ.①G77

中国版本图书馆 CIP 数据核字(2022)第 085808 号

过程视角下虚拟学习社区用户的学习机制研究 宋慧玲 著

责任编辑:胡珞兰	选题策划:胡珞兰 张 健	责任校对:张咏梅

出版发行:中国地质大学出版社(武汉市洪山区鲁磨路 388 号) 邮编:430074
电 话:(027)67883511 传 真:(027)67883580 E-mail:cbb@cug.edu.cn
经 销:全国新华书店 http://cugp.cug.edu.cn

开本:787 毫米×960 毫米 1/16 字数:190 千字 印张:11.25
版次:2022 年 6 月第 1 版 印次:2022 年 6 月第 1 次印刷
印刷:河北华商印刷有限公司

ISBN 978-7-5625-5270-3 定价:48.00 元

如有印装质量问题请与印刷厂联系调换

前　言

在信息技术飞速发展和社交网络广泛使用的带动下，虚拟学习社区因其便捷、平等、交互、共享等优势，成为人们开展在线教育、构建终身学习体系的重要途径。诸多科研院所、企业、高校投入大量资金开发各类虚拟学习社区。但实践表明，不少学习社区在早期繁荣后，归于沉寂，用户使用率不高，学习持续性不强，学习绩效不理想，造成社区用户大量流失，社区持续运营面临巨大的挑战；已有研究主要针对用户持续使用意愿与行为、学习绩效等主题展开，缺乏系统全面的虚拟学习社区用户学习机制研究。上述问题不仅浪费学习者前期投入的经费和精力，也不利于虚拟学习社区的持续健康发展。因此，分析虚拟学习社区用户学习过程的影响因素，系统研究用户学习机制，对优化社区服务环境、改善社区运营策略、促进用户持续使用、保障社区健康发展具有理论意义和实践意义。

基于上述背景，本书借鉴生态学习观的大视野，融合管理学、社会学、教育学及心理学领域的研究成果，用理论研究与实证分析相结合的方法，围绕学习过程，系统研究虚拟学习社区用户学习机制。在理论层面，提出虚拟学习社区用户学习机制层次塔模型（即"交互式体验—持续性学习—学习绩效"），并验证了用户学习机制层次塔模型中各层次之间的递进关系。

一是创建了感知开放性变量，构建并验证了用户交互式体验的理论模型。交互式学习体验是用户学习机制层次塔模型中的第一个阶段。从"人—环境"的互动感知视角，结合社区平台的技术特性，创建感知开放性变量表征虚拟学习社区生态系统的开放性属性，并设计测度项。经研究发现并验证了虚拟学习社区用户的感知开放性对用户交互式学习体验的重要作用，揭示了在新技术的支持下用户与社区中的客体产生数据关系和情感关系的过程。理论模型对于用户的交互式体验有较好的预测性，研究结论对于社区团队设计智能化交互服务环境具有指导意义。

二是拓展了用户满意度的内涵，构建并验证了以体验为核心的虚拟学习社区用户持续使用意愿理论模型。持续性学习过程是用户学习机制层次塔模型中的第二个阶段。从“环境—人”的行为反应视角，综合生态学习观中个体与环境的给养关系以及类似平台用户满意度的研究成果，将信息系统持续使用模型中的满意度定义从单个维度拓展到多个维度，从内容满意、过程满意、情感满意、结果满意4个方面测量用户满意度。本书基于拓展用户满意度的内涵而构建的模型验证了用户交互式体验学习对持续性学习的递进发展关系，揭示了新技术背景下以用户体验为核心的用户持续性学习机制，能更好地契合虚拟学习社区用户的实际变化，由此得到的研究结论能更有效地指导社区团队设计沉浸化服务环境。

三是基于过程视角，构建了虚拟学习社区用户学习绩效的全新解释模型。学习绩效是用户学习机制层次塔模型中的第三个阶段，是持续性学习过程转化为学习结果的重要阶段。笔者发展了持续使用行为、在线学习能力和学习绩效的定义，从“行为—人”的绩效变化角度，揭示了学习绩效的形成机理，构建的学习绩效研究模型具有较好的预测性，发现并验证了在线学习能力对学习绩效的显著影响以及“持续使用意愿→持续使用行为→学习绩效”的重要影响路径。本书的研究结论对于指导社区平台提高运维能力、设计个性化的服务策略具有实践意义。

著 者

2022年2月

目　录

第一章 绪 论

第一节 研究背景

建设“学习型社会”是我国重要的发展战略决策之一。“学习型社会”对提高国民素质、繁荣创新创业文化、增强国际竞争力具有重要意义。随着“学习型社会”战略部署的成功实施，终身教育理念深入人心。在知识经济时代，科学技术加速发展，知识更新的速度越来越快。互联网技术与教育的深度融合，改变了人们学习的方式，人们不再拘泥于通过书本传授、面对面的正式学习方式获取知识，而是更多地通过虚拟学习社区获取知识。虚拟学习社区融合了在线学习平台的学习属性和社交媒体的交互属性，扩展了人们的学习空间，提高了人们获取知识的效率，革新了人们的学习方式，成为人们交流知识、分享知识、创新知识最有效和最便捷的途径之一，是构筑终身学习平台的有效服务途径。

移动互联网的普及和5G、云计算、人工智能(artificial intelligence，AI)、大数据等新兴信息技术的不断演进，虚拟学习社区平台通过不断拓展与即时通信、社交软件、协作办公等软件的合作边界，使学习内容实现跨平台流动，社区生态不断进化，用户规模不断增大。据中国互联网络信息中心(China internet network information center，CNNIC)统计，2018年，我国在线教育用户规模2.01亿人，网民使用率24.3%，仅两年时间，用户规模增长到4.23亿人，网民使用率达到了46.8%，增长率达到了110.2%。其中手机在线教育课程的用户数由2018年的1.94亿人激增到4.20亿人，庞大的用户群体孕育了虚拟学习社区的蓬勃发展，社区功能不断丰富，服务内容不断细化，越来越多的企业投入大量资金开发虚拟学习社区，如中国大学MOOC(慕课)等课程类学习社区，知乎等百科类学习社区，中国专业IT社区(Chinese software developer network, CSDN)等技术类知识社区。

然而，不同类型的虚拟学习社区中用户的使用行为呈现出较大差异。根据Alexa网站统计数据显示，好大学在线平台2020年6月第一周的用户日均访问量仅为13 000次，而同期中国大学MOOC平台的用户日均访问量为928 000次，知乎的用户日均访问量高达27 840 000次。用户在社区中的绩效也表现出很大的不同，2011年至2016年间有5800万人使用MOOC平台进行在线学习，课程完成率仅为10%左右。2016年知乎拥有日活跃用户量1300万人，人均日访问时长33min，1000万个提问累计3400万个回答。MOOC学习社区的高注册率、低完成率与知乎社区的高用户数和高知识产出形成了鲜明对比。用户在社区的表现直接影响社区的可持续发展能力，知乎社区因用户的高产出和成功运营发展为独角兽公司，然而好大学在线类社区因用户活跃度不高，社区运营面临较大挑战。如何设计优化虚拟学习社区服务环境，激发用户活跃度，促使用户持续使用，提高用户学习绩效，是社区可持续发展面临的现实问题。

已有学者关注虚拟学习社区用户持续使用与学习绩效的研究，产生了一些有价值的研究成果。然而，用户在虚拟学习社区中的学习是一个循序渐进的发展过程，持续使用与绩效研究只是学习的过程和结果，用户在社区的学习是以交互为基础开展的，交互是学习发生的原点。在新技术的环境下，如何提高用户的交互体验，创造用户与社区持续交互的沉浸环境，在持续使用中提高用户学习绩效，需要全面系统地分析用户学习机制，为社区运营者改善社区服务提供理论借鉴和实践指导。

现有文献关于用户交互式学习体验的研究较少，从过程视角系统分析虚拟学习社区用户学习机制的文献更为稀少。笔者试图围绕学习过程，对虚拟学习社区用户学习机制展开研究，具体来说，就是综合选取多种典型的虚拟学习社区作为研究对象，借鉴生态学习观的大视野，分析用户在学习过程中与环境的相互作用关系，全面且系统地揭示用户学习机制，以期为促使用户持续学习、改善社区服务环境、保障社区可持续发展提供理论参考和实践启示。

第二节　相关概念与研究问题

一、虚拟学习社区概念的发展与界定

虚拟学习社区是信息技术与教育新理念在网络应用中的产物。早期的社区是社会关系集合体，是人们在不同地域中联系交流所形成的社会关系网。随着信息技术的发展，传统社区的地域边界被弱化，拥有共同兴趣目标并乐于通过网络进行信息交流和共享的个体在网络上聚集，最终形成虚拟社区。虚拟社区不仅是新型社会结构，也是一种信息系统。伴随着虚拟社区在知识管理、企业创新、在线学习、继续教育等领域应用的深入，逐步形成了以知识学习为目的的虚拟学习社区。虚拟学习社区的繁荣发展吸引了国内外学者的关注，研究视角从早期的单一学科视角拓展为多学科融合的视角，从早期的社会学视角逐步融合

教育技术学、社会学、传播学、信息管理、知识管理、生态系统等领域的知识和方法(表 1-1)。

表 1-1 国内外学者对虚拟社区及虚拟学习社区的定义

学者	概念	定义	视角
Rheingold (1993)	虚拟社区	一群主要通过网络彼此沟通、讨论的人们,彼此有某种程度的认识、充分的感情,分享某种程度的信息与知识,在网络空间中形成个人关系网络的社会集合体	社会学
Hagel, Armstrong (1997)	网络社区	网络社区是供人们围绕着一个共同的兴趣进行讨论和交流的平台,通过网络来创造价值	信息管理、社会学
Bruckman (2000)	网络学习社区	虚拟学习社区运营需要明确的学习目标,建立广泛的网络,明确社区角色功能,丰富会员信息,完善领导程序,加强成员的交流沟通,鼓励正确的礼仪和协助成员运作自己的社区小组	教育技术
Carlén (2002)	虚拟学习社区	在网络环境下,通过获取、产生、分析和合作建构起知识的对话,在用户被指导的学习过程中所形成的人际团体及学习环境	社会学、教育技术
甘永成,祝智庭 (2006)	虚拟学习社区	虚拟学习社区是由具有共同兴趣及学习目的人们组成的学习团体在 Internet 上构建的虚拟学习环境。他们利用多种网络通信工具,通过相互的交流、互动、讨论和协作等多种学习方式,共享彼此的观点、思想、资源、知识、学习经验和集体智慧,从而促进知识建构和个体智慧的发展,达到学习的目的和促进自身学习能力的提升	教育技术、知识管理、传播学
胡凡刚 (2006)	虚拟学习社区	基于跨时空的网络虚拟环境,社区成员(主要包括教师与学生)之间借助统一的软件或网站平台,为完成网上或现实的学习任务进行信息交流、交互协作、知识共享活动,最终形成具有共同社区文化心理的、生态式的社会关系共同体	教育技术、社会学、生态学
王陆 (2009)	虚拟学习社区	虚拟学习社区指在学习过程中所形成的人际团体及学习环境,其实质是虚拟社会网络	社会学、信息管理

续表 1-1

学者	概念	定义	视角
郭三强(2010)	虚拟学习社区	虚拟学习社区是一个新型的网络学习平台，基于现代计算机、网络和多媒体领域的科学技术发展，以建构主义学习理论为指导，在终身学习理念和学习型社会背景下发展起来的学习型组织	教育技术、信息管理、生态系统
彭文辉(2014)	虚拟学习社区	虚拟学习社区是以建构主义学习理论为基础，基于计算机信息处理技术、计算机网络资源共享技术和多媒体技术设计的新型远程教育网络教学平台；虚拟学习社区是一种新型的学习组织，因此它不仅具有社会学属性，同时也具有人机系统的基本属性特征，是当代社会需求和科学技术教与学理论相结合的产物	信息管理、社会学、教育学
余金昌(2012)	虚拟学习社区	虚拟学习社区是由学习环境与学习群落构成的生态系统	生态学、教育学

资料来源：笔者根据相关文献整理。

虚拟学习社区的概念遵循“从地域形成的实体社区到网络连接的虚拟社区，从人际连接为目的的虚拟社区到以学习提升为目的虚拟学习社区”这一发展脉络。如 Rheingold (1993)从社会学角度首次提出虚拟社区的概念，他认为虚拟社区是网络空间中形成的社会关系共同体。Hagel 和 Armstrong(1997)从社会学与信息技术角度阐述了虚拟学习社区是基于信息技术交流平台而形成的虚拟社区，他发展并关注了网络社区的社会性和虚拟性属性。Bruckman(2000)从教育学科视角，引入情境学习理论分析网络学习社群，从网络社区的教育属性，研究学习社群的运营。Carlén(2002)详细分析了虚拟学习社区的分类，并从社会学与教育技术视角指出虚拟学习社区是一个线上学习社群。社会性、虚拟性是虚拟学习社区的基本特征，其中虚拟性是以网络为支撑基础发展的，它体现了网络信息系统发展的技术特征。

随着教育现代化的发展和学习型社会的普及，我国学者不断丰富虚拟学习社区的研究视角。如甘永成和祝智庭(2006)从知识管理、传播学的角度丰富了虚拟学习社区的虚拟性与教育性特征，指出虚拟学习社区最终将促成个人学习目标的达成和群体智慧的提升。郭三强(2010)从生态系统视角指出虚拟学习社区是支持学习型组织成长发展的生态化网络学习平台。余金昌(2012)从生态学习观详细解析了虚拟学习社区结构模型。以上学者的研究成果为虚拟学习社区的良性发展提供了很好的研究思路。

笔者认为，虚拟学习社区包含社会性、技术性和教育性3个基本特征，它是能为拥有共同兴趣爱好和学习目标的用户提供知识社交服务的在线学习平台，它能为培育学习共同体、构建学习型社会提供生态化服务环境。

二、虚拟学习社区用户学习机制

"机制"一词最早源于希腊文"mechane"，其英文表达为"mechanism"，是一个工学概念，原指机器的构造和工作原理。后来该词被应用到不同的领域，其含义不断延伸。在人文社会学科领域，机制是指系统内部各要素之间的相互联系、作用关系及其功能。机制研究的目的是厘清系统内部各要素之间的相互作用关系，使各要素发挥作用，协调运行，以保障系统整体发挥最大效用，稳定发展。学习机制本身是一个很抽象笼统的概念，正如约翰·D. 布兰思福特(2013)所论述的，学界对学习机制的研究主要从行为或心理层面考察学习的发生和发展过程，旨在解释人类学习现象背后隐含的行为逻辑和心理逻辑的规律、特征和性质，为反思教育系统的设计与服务提供理论基础。本书所讨论的用户学习机制是指虚拟学习社区中各种要素相互作用关系及其对个体学习过程所产生的影响。因此，揭示虚拟学习社区用户学习机制，需要从分析虚拟学习社区环境特征着手，然后在此基础上分析它们对用户学习过程的影响作用。

1. 生态学习观视域下的虚拟学习社区

生态学习观(the ecology of learning)的概念由 Visser(1999)在美国教育研究协会年会上提出。他从生态学的视角解释学习，认为学习者与周围的学习环境如同生物有机体与其所赖以生存的环境一样，他们使用在环境中找到的资源，也能感知自己作为其他人的资源而存在，他们与环境共同存在、协同进化。学习环境可以视为生态圈，包含了从低到高不同层次的组织复杂性。各种不同水平的学习者在其中学习，有着相同学习兴趣的学习者组成学习共同体，实现意义构建。学习共同体这一概念，是解读学习生态环境的关键所在。用跨学科的整体综合视野分析问题是生态学习观的方法论。Brown(2000)认为生态学习环境是一种开放复杂的适应性系统。加拿大学者 MOOC 专家 Siemens(2003)进一步扩展了 Brown 的观点，认为生态学习系统(the ecological learning system)是用来培育和支撑共同体创造的环境，是为学习者提供简单的、工具丰富的、非正式的和非结构化的环境，学习者能在去中心化的交互中分享知识、创造知识。李慧迎

(2011)认为虚拟学习社区的各子系统功能上的耦合、相互催化支持和竞争协同，共同促成了虚拟学习社区这一超循环系统的生态发展。生态学习观认为，学习是学习主体平等自由参与学习环境的过程。

2. 虚拟学习社区环境层次结构分析

笔者认为，生态学习观视域下虚拟学习社区系统中的各主体是一个复杂的有机整体，各学习个体在交流互动间形成学习共同体，多样的学习共同体形成生态群落；学习个体在不同阶段与不同层级的学习环境之间循环交流，实现知识的构建、传播与创新。基于学习个体的发展演化和社区环境的生态属性特征，可以将虚拟学习社区的学习环境分为个体层、社会层和生态层，每个层级都是虚拟学习社区生态系统的一个子系统。

在个体层，学习个体作为消费者，为达到一定学习目标，根据自身需求，选择相应技术和媒体，与资源环境进行物质流、能量流和信息流的交换。在接收、查找中过滤和筛选信息，获取有用信息，通过触发已有认知基础，将信息构建内化吸收为个体知识，完成自我知识的构建。个体作为评估者，评估、解释所吸收的知识；作为传播者，分享、转发评估等级较高的知识；作为组织者，对吸收的知识进行标引、归类和管理。一方面，个体在消费知识的同时也生产知识，形成了有利于自我成长的知识库；另一方面，个体在管理知识库的过程中，过滤剔除掉无用信息，完成资源优胜劣汰的生态演化过程，持续进化个体知识库。

在社会层，学习者因为共同的兴趣目标聚集在一起。个体作为生产者，通过与其他个体的交互，反思自身构建的知识，将自己在个体层内化的知识显性化地表达，在不断讨论、编辑、修改中进化个体知识。在交流研讨中，将个体知识转化为群体智慧；在合作探究中，产生有价值的新知识，形成集体智库。同时，作为分解者解释、评估、反思他人提供的知识，促进集体智库内知识的淘汰、更新与进化，在与他人的频繁互动、合作学习中，联系的纽带日益紧密，形成成员之间的认同感和社区归属感，社区黏性不断增强，形成学习共同体；通过学习共同体建立的人际关系，将有用的知识通过人际网络分享出去，传播知识；个体通过评估在学习共同体中的体验，不断调整、更新人际关系，优化人际网络，以获得更有价值的知识更新服务网络。学习个体间交互所产生的物质流、能量流和信息流会反哺学习环境的持续进化。

在生态层，学习个体因兴趣爱好的变化，加入不同的知识主题的学习共同体，这些多样化的共同体构成了哺育学习者个体成长的学习群落，通过开放的交流共享通道，在不同的学习场所完成知识的消费与传播。学习者在多样性的生态环境中汲取学习养分，在互惠共生中发展个体，完成学习个体与学习共同体、学习群落的协同进化。伴随着个体间共同学习目标的达成，学习共同体也有其生命周期，会经历诞生、发展、成熟、解散等过程。为丰富生态系统层的物质流、能量流和信息流，学习环境应保持开放性，不断吸纳新的学习个体，提供满足个体发展的生态化服务环境，最终促进个体的发展和虚拟学习社区的繁荣。图 1-1 为生态学习观视域下的虚拟学习社区环境的生态结构层次图。该图从学习者个体视角分析个体与环境协同共生的发展关系，用 3 个相切的圆代表学习者个体在学习过程中伴随着学习共同体发展演化的不同阶段处于不同的环境层次。

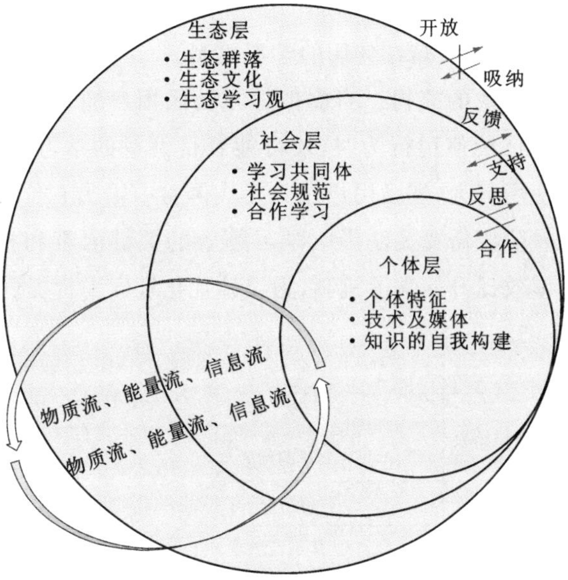

图 1-1　虚拟学习社区环境的生态结构层次图

3. 虚拟学习社区用户学习过程

在虚拟学习社区中，用户跨越地理区域，通过网络信息系统连接，形成学习共同体。多样化的学习共同体构成了生态化的学习群落，不同学习共同体之间与生态化的学习群落之间，通过信息连接关系、知识合作关系、人际网络关系构成了虚拟学习社区生态系统。虚拟学习社区生态系统包括个体自我知识构建的个体层子系统、学习共同体间交互研讨的社会层子系统、学习群落与外部环境开放共生的生态层子系统。Illeris(2007)指出学习是导致生物体持久能力变化的所有过程，因此，学习是个体受外界环境影响、持续不断地导向学习目标的动态过程。个体的学习过程伴随着个体与3个子系统之间使用体验的评估，持续使用过程以及学习结果。根据用户在虚拟学习社区中的学习发展过程，笔者将学习过程概括为3个递进发展的层次(图1-2)。

第一层次是交互式学习。用户使用虚拟学习社区时，社区能为用户创造良好的学习环境，为用户提供有价值的、便捷的知识服务，为学习共同体提供高效的知识互动服务环境和情感沟通纽带，使用户有良好的互动体验。这一阶段需要关注用户交互式体验的影响因素，研究基于用户交互式体验的学习机制。

第二层次是持续性学习。个体的学习是内隐性知识和外显性知识共同作用的结果，需要研究在用户学习过程中，如何增强用户与社区的黏性，提高用户持续使用社区的意愿，促使用户持续使用。这一阶段需要关注用户持续性使用意愿的形成机理，研究基于用户持续使用的学习机制。

第三层次是学习绩效的获得。当虚拟学习社区用户拥有持续使用意愿，将持续使用意愿转化为持续使用行为时，才可能获得满意的学习绩效。社区运营者要激发用户持续使用行为，鼓励用户在交互式体验中输出有价值的知识，促使社区繁荣发展。这一阶段需要关注影响学习绩效的关键因素和相互作用路径，研究基于用户学习绩效提升的学习机制，为设计优化社区平台提供决策依据。

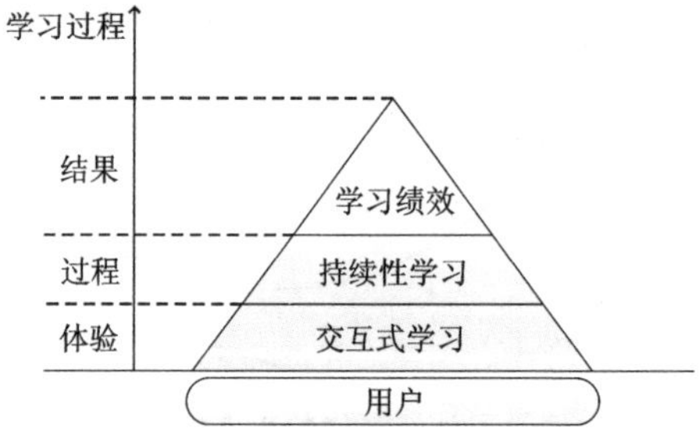

图1-2　虚拟学习社区环境用户学习过程图

三、研究问题的提出

在“互联网＋教育”新形态下，研究虚拟学习社区用户学习机制，可以从学习过程视角，研究用户交互式学习体验、用户持续性学习过程和用户学习绩效的影响因素与作用路径以及3个层次之间的递进发展过程，对于深入理解虚拟学习社区用户学习机制、全面提高社区运营服务能力、构建终身学习服务平台很有价值。

笔者选取虚拟学习社区用户作为研究对象，致力于通过理论和实证分析，围绕用户学习过程，科学探索虚拟学习社区用户的学习机制，并重点解决以下问题：在终身学习背景下，虚拟学习社区用户学习过程可以分为哪几个阶段；这些阶段之间是否存在递进发展的关系；在用户学习的不同阶段，用户学习的心理或行为受到社区环境的哪些因素影响；这些因素的相互作用关系与作用路径是什么；社区平台如何做好各阶段的运营服务，促使用户持续不断地导向学习目标，以保障虚拟学习社区的可持续发展。

四、研究对象的选取

针对以上问题，本书系统梳理虚拟学习社区的分类与技术演化过程，结合虚拟学习社区的运营现状，以期选取运营良好、有代表性的社区作为本书的研究对象。

1. 虚拟学习社区的分类

学者们根据社区不同的内容主题、活动目标、教育边界等，将虚拟学习社区划分为不同类型。Henri 和 Pudelko（2003）从社区的目标、初始创建方法、目标及方法的演变 3 个维度，分析虚拟社区活动的社会背景，将学习社区分为以下 4 类（表 1-2）。这 4 类社区中人与人之间的关系从弱到强依次为兴趣社区、面向目标的虚拟社区、学习者社区和实践社区。

表 1-2　虚拟学习社区分类表

类别	兴趣社区	面向目标的虚拟社区	学习者社区	实践社区
社会情境下的活动	因为共同的兴趣聚集在社区中进行信息交换	为执行特殊任务而创建，分享不同观点，完成受委托的物品	教师提出教学活动并参与集体项目的实现	从已有的真实实践社区中发展而来，共享成员间的知识
学习	为个体使用构建知识	从系统收集的多样化的知识系统中构建知识	通过实施社会情境下的活动构建知识	促进新的实践参与

资料来源：笔者根据 Henri 和 Pudelko（2003）的文献整理而得。

王陆（2009）根据教育主题内容和教育边界的不同，将虚拟学习社区分为教育虚拟学习社区、专业虚拟学习社区、兴趣虚拟学习社区、研究发展和创新型虚拟学习社区以及有限虚拟学习社区五大类。教育虚拟学习社区主要向社区成员提供诸如学术资源、教育者培训、教学法、教学活动和学习支持等面向教育过程情境的知识服务;专业虚拟学习社区为社区成员提供一种与成员专业背景相联系的经验与知识分享交流学习环境,如专业文化、问题解决、专业实践和专业趋势等;兴趣虚拟学习社区聚集那些在某一特定主题具有共同兴趣的人们,分享交流形成共识;研究发展和创新型虚拟学习社区是一种综合性社区,在该类社区中,参与者分享个人兴趣,在交流研讨中,重视知识的创新和已有技术的新应用等主题;有限虚拟学习社区是指一组结构化的教学或培训的系统集合,典型的有在线课程平台等。前四类虚拟学习社区常用在非正式学习中,有限虚拟学习社区常用在正式学习中。

笔者认为根据虚拟学习社区的内容主题不同,可将其分为百科类学习社区、技术类学习社区、专业课程类学习社区和兴趣类社区。百科类学习社区的典型代表有百度百科、知乎社区、维基百科等;技术类学习社区的典型代表有 CSDN 社区、经管之家等;专业课程类学习社区,如中国大学 MOOC、好大学在线等学习社区;兴趣类社区,如泛科技社区、果壳社区等。根据内容聚合丰富程度的不同,分为综合虚拟社区和主题虚拟社区。根据学习目标层次的不同,可分为以知识的传播与分享为目标的普通学习社区,以创新产品输出为目标的实践社区。根据知识聚集方式的不同,可分为以用户输入知识为主的问答类学习社区和以平台提供内容为主的课程学习类社区。

2. 虚拟学习社区的技术演化

从技术发展演进的角度,可将虚拟学习社区分为基于 Web1.0 的学习社区、基于 Web2.0 的学习社区和基于 Web3.0 的学习社区。

基于 Web1.0 的学习社区,以 BBS 论坛、QQ、FAQ 为代表,这一阶段的虚拟学习社区主要是通过网络连接了人与内容之间的联系,为学习者提供了跨越时空的知识服务。

基于 Web2.0 的学习社区,以知识库 WiKi 为代表,由单纯浏览网页的模式向内容更丰富、联系性更强、工具性更强的互联网模式发展。这一阶段由单纯的读写知识向共同建设知识发展,由被动接受信息向主动创造信息转变。人们不再是被动接受虚拟学习平台发布的信息,而是主动参与创造平台知识,把人的维度引入知识的生产、获取、组织与呈现中去,让知识能够通过人与人的关系传播。

基于 Web3.0 的学习社区,以云服务、SNS、微信、微博、多终端、物联网等为服务方式,以语义网为基础,向用户提供个性化的知识服务。Web3.0 具有开放性特征,学习者能在任何终端上共享在云端的数据,结合众多应用,灵活学习。

人工智能是 Web3.0 的核心技术，未来虚拟学习社区可为学习者提供更个性化的知识图谱导航服务，为学习者提供更加逼真的学习场景。虚拟学习社区依托更开放、多元的主题服务，吸引和汇聚着不同领域人在社区中分享专业知识、经验和实用见解，以跨领域、无边界的聚集创造出指数化增长的知识价值，以社区连接的人与人之间的关系助力终身学习体系的发展。

3. 虚拟学习社区与在线学习平台的区别

虚拟学习社区是在线学习平台中的一种。对比在线学习平台，虚拟学习社区不仅为用户提供学习内容，满足用户获取知识，提高学习绩效的要求，同时，还为用户提供交互学习环境，为学习共同体创造服务环境，满足学习者的社交等情感需求。社区的知识来源是多样的，不仅来源于平台，也来源于用户参与创造。用户与社区的黏性不仅来源于知识，也来源于平台所提供的学习共同体之间的情感连接。因此，虚拟学习社区与在线学习平台的区别主要表现在 3 个方面，即使用目标、交互方式和学习共同体。

在线学习平台用户的使用目标比较单一，用户主要关注平台的知识内容、学习过程的支持以及学习结果的评价。虚拟学习社区中的用户不仅仅关注社区内的知识，还关注同伴的回应与动态。在线学习平台中的交互主要体现在用户与系统之间的交互，虚拟学习社区平台的交互不仅体现在用户与系统之间的交互，还体现在用户与用户之间的交互。在线学习平台中用户之间的关系是松散的，而虚拟学习社区用户之间的关系通过学习共同体紧密连接，相同兴趣爱好的人因为和谐的交互体验和高频次的互动，最终形成学习共同体。因有了人际连接的维度，虚拟学习社区用户与社区平台的黏性比在线学习平台更紧密。

4. 本书研究对象的选取

依据虚拟学习社区的主题分类，选择专业课程类学习社区、技术类学习社区、百科类学习社区、兴趣类学习社区中运营较为成功和受众较广的典型社区的用户作为研究对象。通过查阅平台运营公司数据和 Alexa Internet 公司提供的网站流量查询数据，本书将中国大学 MOOC、知乎社区、CSDN 社区和果壳社区作为虚拟学习社区的典型代表。各社区的基本情况如表 1-3 所示，其中全球网站排名、日均网站访客（unique visitor，UV）和日均页面浏览量（page view，PV）是近 3 个月的估算值。

表 1-3　本书研究对象平台运营情况

虚拟学习社区	主题	成立时间	全球网站排名	日均 UV(个)	日均 PV(次)
中国大学 MOOC	课程类	2014 年	4010	416 000	2 329 000
CSDN 社区	技术类	1999 年	28	55 040 000	274 649 000
知乎社区	百科类	2011 年	156	11 264 000	34 017 000
果壳社区	兴趣类	2010 年	4978	352 000	1 443 000

资料来源：笔者根据 Alexa 网站的数据整理而得。

中国大学 MOOC 支持完整的在线教学模式，为学生、社会学习者提供个性化学习服务，让每一个有意愿提升自己的人都可以获得更优质的教育。社区内的课程主要由平台提供，学员之间的交流探讨和教辅人员的答疑解惑对于用户达成学习目标很有帮助。目前，已有超过 1000 万的注册用户，网站的访问量与时间的波动较大，每年 5 月、6 月、12 月是网站的访问高峰。CSDN 社区是 IT 技术人交流和成长的家园，社区内的学习内容主要由平台和用户共同提供，虽然只有 3000 万的注册用户，但是用户的网站访问量和时间波动不大，网站 3 个月内平均单日访问量全球排名 28，用户的活跃度很高。知乎社区为每个人与世界分享知识、经验和见解提供了很好的服务平台，社区内的学习内容主要由用户提供，2011 年知乎社区以问答类虚拟学习社区起家，2017 年就迈入了独角兽行列，在知识社交的运营基础上，社区规模不断扩大，截至 2018 年底，知乎社区问题数已超过 3000 万条，回答数超过 1.3 亿条，知乎社区的注册会员高达 1.6 亿人，知乎社区的快速发展让很多 MOOC 类学习社区望尘莫及。果壳社区致力于提供负责任的科学、科技主题内容，用知识创造价值，为生活添加智趣，是兴趣类社区的典型代表。

以上 4 个社区都为用户提供了支持移动学习的 APP(application)，提供基于微博、微信等多种学习方式，是用户基础较好、运营较为成功的虚拟学习社区。综上所述，笔者选择中国大学 MOOC、CSDN 社区、知乎社区和果壳社区等运营较为成功的社区用户作为本书的研究对象，探索虚拟学习社区用户学习机制的普遍规律。

第三节　研究目标与意义

一、研究目标

近年来，虚拟学习社区成为人们开展终身学习的有效途径，学者们对虚拟学习社区的用户满意度、持续使用、学习绩效等问题展开了理论和实践研究，深入研究了社区环境对用户使用虚拟学习社区的心理和行为的影响机理。然而，作为终身学习的最佳实践场所，如何全面理解用户在虚拟学习社区学习过程中的学习发生和发展过程，理解学习发展各阶段的逻辑机理，以及各阶段之间的逻辑关系，做好社区设计与运营，需要系统研究用户学习机制。因此，十分有必要针对虚拟学习社区用户学习机制进行全面系统的研究，进而帮助社区开发团队和运营团队更好地服务用户学习，以保障虚拟学习社区可持续发展，为完善学习型社会的学习服务环境建设提供理论基础和决策依据，这是本书的研究目标。

1. 理论目标

本书的理论研究目标是基于生态学习观，融合多学科理论，分析虚拟学习社区中各种要素相互作用关系及其对用户学习过程产生的影响，提出虚拟学习社区用户学习机制的理论研究框架，并分别构建用户交互式体验理论模型、用户持续使用意愿理论模型和用户学习绩效的理论模型。

2. 现实目标

依据用户学习过程，构建用户学习机制理论分析框架，围绕用户交互式体验学习机制、持续性学习机制和学习绩效机制 3 个问题，开展本书的实证研究，目的是回答在用户学习的 3 个重要阶段中所遇到的问题，即哪些因素会影响用户的学习，这些因素的相互作用关系与作用路径是什么，最后基于实证分析结果给出平台的设计运营服务建议。

二、研究意义

虚拟学习社区的学习机制研究属于典型的多学科交叉研究领域，需要突破信息管理研究固有的知识边界，借鉴生态理论的大视野，融合信息管理、社会学、教育学、心理学等领域的研究成果，丰富并发展虚拟学习社区的理论研究。目前，国内外对虚拟学习社区的实证研究较少，从过程视角研究用户学习机制的实证研究则更为稀少。因此，研究“过程视角下虚拟学习社区用户的学习机制”具有理论层面与实践层面的双重意义。

（一）理论意义

1. 丰富和发展虚拟学习社区“用户学习机制”的理论框架

本书拟基于生态学习观视角，根据用户的学习过程，融合多学科理论基础，分析环境对用户学习的影响，探索用户学习机制的形成过程和作用机理。

2. 丰富虚拟学习社区“用户交互式体验”的理论研究

本书从个体层、社会层、生态层分析环境因素对用户交互式体验的影响，探索影响用户交互式体验学习的主要影响因素及作用路径，构建虚拟学习社区用户交互式体验学习机制的研究模型。通过实证分析，验证理论模型，丰富虚拟学习社区“用户交互式体验”的理论研究。

3. 丰富虚拟学习社区“用户持续使用意愿”的理论研究

本书详细分析虚拟学习社区用户知识学习中的微循环过程，以情感关系与数据关系生成为基础，整合 Bagozzi(1992)的自我调节框架理论、信息系统持续使用理论和心流体验等基础理论，研究虚拟学习社区用户持续性学习的内部机理，分析用户持续使用意愿的影响因素和作用路径，丰富虚拟学习社区“用户持续使用意愿”的理论研究。

4. 丰富虚拟学习社区“学习绩效”的理论研究

从学习过程视角探索持续使用意愿、持续使用行为和学习绩效的作用关系，研究学习绩效的形成机理，丰富和发展虚拟学习社区“用户学习绩效”理论研究。

(二)实践意义

基于生态学习观，从用户学习过程分析用户学习机制，有利于促进虚拟学习社区学习交互、持续使用，增强虚拟学习社区与学习者之间的黏性，提升用户学习绩效；有利于改善学习社区的环境，提升虚拟学习社区的生存和发展能力；有利于构筑我国终身教育服务体系，促进社区用户素质的提高。

1. 为虚拟学习社区运营商提供促进社区持续发展的对策建议

结合实证研究结论，从社区运营商视角提出关于社区环境优化策略、用户激励政策和运营投入策略的若干建议，以提升社区持续发展能力。

2. 为未来学习空间的设计与运营提供参考和决策依据

研究虚拟学习社区用户学习机制，分析用户交互式学习体验、持续使用意愿和学习绩效的影响因素和作用路径，结合成功社区的实证分析结果，为未来学习空间的设计者与运营者提供有价值的参考和借鉴。

第四节　研究内容

笔者在调研国内外学者相关研究的基础上，基于生态学习观视角研究用户学习机制，从用户在虚拟学习社区的学习过程着手，分析环境因素对用户学习过程的影响及其相互作用关系，遵循“理论研究＋实证研究”的研究范式，用定性分析与定量分析相结合的方法，探究“虚拟学习社区用户的学习机制”，旨在为社区运营和未来学习空间设计者提供建议和参考，为优化学习型社会的终身学习服务环境提供借鉴。

本书包括以下研究内容。①结合国内外学者已有研究成果，在生态学习观分析视域下，结合可供性理论和社会认知理论，给出虚拟学习社区用户学习机制的理论分析框架；②从过程视角分别探索用户交互式体验、用户持续使用意愿和用户学习绩效，这 3 个递进发展的实证分析过程构成了用户学习机制的实证研究。本书理论探索与实证研究相互支撑、相互验证，为深入理解虚拟学习社区用户学习机制，促进虚拟社区可持续运营和未来学习空间设计提供分析框架与对策建议。

1. 虚拟学习社区用户学习机制的理论分析框架

本书在系统分析相关文献及理论基础后，基于社会认知理论，提出用户学习机制研究框图，针对虚拟学习社区生态系统的要素分析及要素间的关系分析，结合生态学习观，给出生态系统的功能分析。在此基础上，提出虚拟学习社区用户学习机制的层次塔模型。以生态心理学的可供性理论为逻辑起点，以社会认知理论为分析框架，分析用户学习过程的递进发展逻辑链条，将虚拟学习社区用户学习机制研究转化为 3 个关键研究问题，即用户交互式体验、用户持续使用意愿和用户学习绩效，这 3 个层次构筑起虚拟学习社区用户学习机制层次塔模型，为本书系统研究用户学习机制提供了理论分析框架。

2. 虚拟学习社区用户的交互式体验研究

本书结合分析给出虚拟学习社区环境的生态结构层次图，从个体层、社会层、生态层，尝试从生态学习观的视角审视学习过程，把虚拟学习社区看作是一个学习生态系统，结合可供性理论，分析生态系统内数据关系与情感关系产生的过程，识别影响虚拟学习社区用户交互体验的关键因素，通过量化研究分析各要素间的作用机理，分析虚拟学习社区交互式体验学习机制。

3. 虚拟学习社区用户持续使用意愿研究

以虚拟学习社区用户知识学习的微循环过程为基础，基于 Bagozzi 的自我调节框架理论，分析在生态环境中用户的交互性体验如何作用于持续使用意愿，从评估反应、情感反应和应对反应三方面，分析影响用户持续使用的关键因素，构建用户持续使用意愿研究模型，研究变量间的影响关系及作用路径，揭示虚拟学习社区用户持续性学习机制。

4. 虚拟学习社区用户的学习绩效研究

在国内外学者已有研究成果的基础上，结合社会认知理论和绩效函数，分析学习绩效的影响机理，运用结构方程的路径分析，对变量之间的关系进行验证，并对各自的作用效应进行深入探讨，研究虚拟学习社区用户学习绩效形成机制。

第五节　研究方法与技术路线

一、研究方法

1. 文献分析法

本书采用计量分析和归纳分析两种方法梳理文献，首先通过检索与本书相关的关键词检索中外文数据库，利用 CiteSpace 绘制虚拟学习社区研究的知识图谱，归纳出该领域的研究热点，预测未来研究方向，指出目前从信息管理与知识管理视角分析用户学习机制类的文献很少。然后借助各类文献数据库，进行文献检索和资料查阅，对目前国内外关于各类信息系统的用户学习机制、用户学习交互、持续使用(持续学习)及学习绩效等相关问题的研究现状进行梳理与评析，目的在于分析已有文献的研究思路和研究方法，了解相关研究的理论基础，寻找可以借鉴的相关理论以及重要的研究变量，进一步明确本书的重点问题和研究思路，同时为本书提供一些可供参考的理论支撑和实证方法的借鉴。

2. 内容分析法

内容分析法是一种常用的社会科学方法，灵活地分析各类资料，并广泛应用于各领域的研究中。近些年来对持续使用意向及行为的研究逐渐增多，很多学者针对不同的研究背景构建了不同的研究模型，以探究信息系统的持续使用行为。众多的研究成果引入了许多新的概念和理论，因此有必要对这些文献进行一次系统的梳理。利用内容分析法对信息系统持续使用意愿和行为的相关研究成果进行梳理，从理论基础和关键变量两方面归纳总结。

3. 问卷调查

在文献调研的基础上，借鉴已有问卷调查量表，设计调查问卷。设计调查问卷后，选择 10～15 位专家进行面对面访谈和模拟问卷调查，依赖于受访者对使用过程的体验性回顾完成问卷，以发现问题并对问卷进行修改和完善，形成可测问卷。随机邀请本科生及研究生，完成并收集 60～100 份可测纸质问卷，评估可测问卷的信度，通过检验后，通过问卷星发放预调研问卷，在线收集用户在中国大学 MOOC 平台、知乎社区、果壳社区、CSDN 社区等代表性虚拟学习社区学习的回顾性使用评价，通过问卷的信度与效度评估，完善问卷的测量指标项后，再通过纸质问卷开展正式调查工作。该工作在全国高校、大中专院校的学生与教师中展开。

4. 结构方程模型

结构方程模型是社会科学中较为成熟的研究方法，常用于多个变量间相互作用关系的定量研究。本书拟采用偏最小二乘法，利用 SmartPLS3.0 软件进行结构方程建模，采用大量样本调查问卷数据，运用验证性因子分析方法，检验理论模型中的研究假设，用结构方程模型中的模拟路径图分析各个变量间的相互关系，分析识别重要影响路径。

二、技术路线

本书将采用理论分析与实证分析相结合的方式开展研究，利用文献分析、内容分析、问卷调查及结构方程模型等方法，探索虚拟学习社区用户学习机制。

第一，界定虚拟学习社区和用户学习机制的概念，针对已有虚拟学习社区用户的实际表现，分析社区持续发展面临的困难和挑战，选取典型研究对象，提出本书的研究问题。

第二，采用文献计量法分析与虚拟学习社区相关的研究主题，围绕学习机制、学习交互、持续使用与学习绩效等与本书主题直接相关的关键词，系统分析相关理论基础及其实证研究成果。

第三，在系统分析虚拟学习社区生态系统各要素、要素之间的关系以及系统功能的基础上，提出虚拟学习社区用户学习机制层次塔模型，结合文献综述与理论启示得出“基于社会认知理论的虚拟学习社区用户学习机制研究框图”，将本书的研究问题分解为 3 个，即用户交互式体验研究、用户持续使用意愿研究和用户学习绩效研究。

第四，探索用户交互式体验形成机理，采用结构方程模型方法，基于生态学习观和可供性理论，构建用户感知交互性影响因素理论模型，研究“人—环境”交互感知的形成机理，识别影响用户感知交互性的重要因素及其作用路径，研究用户交互式体验学习机制。

第五，分析虚拟学习社区用户持续使用意愿，采用结构方程模型方法，以Bagozzi的自我调节框架为基础，整合信息系统持续使用理论和心流体验，构建用户持续使用意愿影响因素理论模型，研究“环境—人”行为反应的影响，重点关注交互体验对用户持续性学习的影响，量化分析各因素的影响及其作用路径，深入分析用户持续使用意愿的形成机理。

第六，开展虚拟学习社区用户学习绩效研究，以绩效函数和社会认知理论为基础，着重从"行为—人"的作用关系角度，从过程视角构建用户学习绩效研究模型，用结构方程方法分析并验证模型。

最后，在上述分析的基础上，归纳研究结论，提炼对策建议。本书的技术路线如图 1-3 所示。

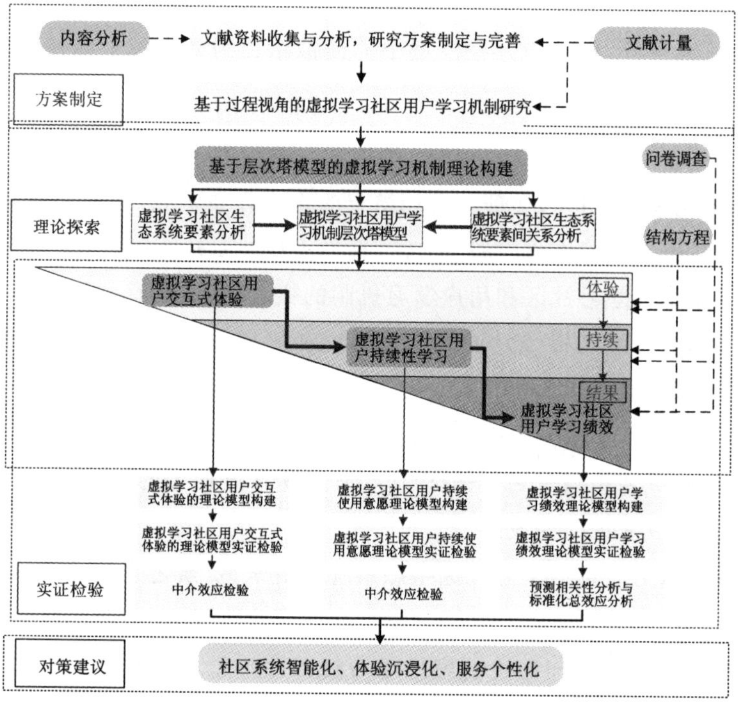

图 1-3　本书的技术路线图

第六节　研究的创新之处

虚拟学习社区融合了在线学习平台的学习属性和社交媒体的交互属性，成为人们开展终身学习的服务平台，是构建学习型社会的有效途径。本书基于生态学习观的大视野，融合信息管理、社会学、教育学、知识管理和心理学等领域知识，在理论层面，基于生态学习观和过程视角，全面系统地分析了虚拟学习社区用户学习过程，基于社会认知理论，提出虚拟学习社区用户学习机制研究框图，构建了虚拟学习社区用户学习机制的层次塔模型(即交互式体验—持续性学习—学习绩效),并提出研究假设;在实践层面,分别构建了交互式体验、持续使用意愿及学习绩效的理论模型,验证了虚拟学习社区用户学习层次塔模型中各层次之间的递进关系。本书为社区开发和运营者更好地服务用户学习、保障虚拟学习社区可持续发展、优化社区的环境建设提供实践指导。本书的创新点主要体现在以下 3 个方面。

(1)创建了感知开放性变量,构建并验证了用户交互式体验的理论模型。

交互式学习体验是用户学习机制层次塔模型中的第一个阶段。现有研究文献多是将感知交互性作为持续使用意愿的前置变量,或是研究交互行为对学习绩效的影响,缺少用户交互式体验的实证研究。本书从“人—环境”的互动感知视角,基于可供性理论和生态学习观,构建理论模型。结合社区平台的技术特性,创建感知开放性变量表征虚拟学习社区生态系统的开放性属性特征,并设计测度项。经研究发现并验证了虚拟学习社区用户的感知开放性对用户交互式学习体验的重要作用,揭示了在新技术的支持下用户与社区中的客体产生数据关系和情感关系的过程。该模型对用户的交互式体验有较好的预测性,研究结论对社区团队设计智能化交互服务环境具有指导意义。

(2)拓展了用户满意度的内涵,构建并验证了以体验为核心的虚拟学习社区用户持续使用意愿理论模型。

持续性学习过程是用户学习机制层次塔模型中的第二个阶段。新技术的发展与广泛应用,使得用户在虚拟学习社区的学习体验和学习动机不同于普通的在线学习平台。现有的研究文献多是从用户使用的价值或绩效预期角度,基于信息系统持续使用模型或者期望确认理论,分析用户持续使用意愿,缺乏从用户体验视角构建新模型的探索性研究。本书从“环境—人”的行为反应视角,基于 Bagozzi 的自我调节框架,整合信息系统持续使用模型和心流体验,构建了以体验为核心的用户持续使用意愿理论模型。综合生态学习观中个体与环境的给养关系以及相关平台用户满意度的研究成果,将信息系统持续使用模型中的满意度定义从单个维度拓展到多个维度,从内容满意、过程满意、情感满意、结果满意 4 个方面测量用户满意度。虚拟学习社区用户满意度的定义与测度应随着技术的发展、学习者预期的变化而有所变化。因此,本书基于拓展的用户满意度而构建的模型验证了用户交互式体验学习对持续性学习的递进发展关系,揭示了新技术背景下以用户体验为核心的用户持续性学习机制,能更好地契合虚拟学习社区用户的实际变化,由此得来的研究结论能更有效地指导社区团队设计沉浸化服务环境。

(3)基于过程视角,构建了虚拟学习社区用户学习绩效的全新解释模型。

学习绩效是用户学习机制层次塔模型中的第三个阶段,是持续性学习过程转化为学习结果的重要阶段。现有的研究文献多是从用户特征、学习动机、参与行为等角度分析用户学习绩效,从用户持续性使用的过程视角分析用户学习绩效的理论研究和实证研究较为匮乏。本书丰富和发展了持续使用行为、在线学习能力和学习绩效的定义,从使用的广度、频度和深度3个维度测量用户持续使用行为,从内隐的智力能力和外显的操作能力两个维度测量在线学习能力,从任务绩效、社会绩效、创新绩效、素质绩效4个方面测量学习绩效。从"行为—人"的绩效变化角度,结合社会认知理论和绩效函数,构建了基于过程视角的虚拟学习社区用户学习绩效全新解释模型。该模型具有较好的预测性,揭示了持续性学习过程对学习绩效的作用机理。经研究发现并验证了在线学习能力对学习绩效的显著影响以及"持续使用意愿→持续使用行为→学习绩效"的重要影响路径。研究结论对于社区平台提高运维能力、设计个性化的服务策略具有实践意义。

第二章　相关文献综述与理论基础

本书从5个方面展开文献综述及理论基础分析：①虚拟学习社区相关研究进展及用户学习机制研究；②虚拟学习社区用户学习交互研究；③持续使用意愿及行为研究；④学习绩效的研究现状；⑤相关理论基础。在系统梳理已有文献的基础上，归纳整理相关主题的研究思路与研究方法，结合现实问题，找出已有研究的不足，寻找可以借鉴的研究思路、理论基础及重要的研究变量，进一步明确本书的研究问题，为下一步的研究奠定理论基础和分析框架。

第一节　虚拟学习社区相关研究进展

一、虚拟学习社区相关研究现状

1. 中文文献分析

本书采用文献计量方法，利用CiteSpace分析中文文献中关于虚拟学习社区研究的热点，并绘制文献关键词知识图谱。在中国知网中以“虚拟学习社区”“网络学习社区”和“在线学习社区”为关键词检索2010年1月至2020年3月的期刊论文以及硕博士论文，经过数据清理，删除重复文献，共检索得到594篇主题文献。在CiteSpace中，将Time Slicing设置为“2010—2020”，Node Types设置为“Keyword”，Selection Criteria设置为“T50”，得到中文文献虚拟学习社区研究热点的知识图谱，如图2-1所示。

高频关键词中“影响因素”的被引频次为40次，出现在图2-1中时间轴的早期，“社会网络分析”的被引频次为35次，“结构方程模型”的被引频次为5次，出现在时间轴的近期，从侧面反映出虚拟学习社区研究者的研究方法从早期的基于访谈问卷的实证分析，逐渐转变为依托用户行为数据的社交网络分析，但对于594篇研究文献总量而言，以虚拟学习社区为主题的实证研究并不多。

与策略等主题相关的关键词，如“知识共享”的被引频次为27次，“知识构建”的被引频次为18次，“策略”的被引频次为17次，“知识管理”的被引频次为12次，“学习策略”的被引频次为7次，“构建策略”的被引频次为6次，“个人知识管理”的被引频次为4次，也从侧面反映出将虚拟学习社区作为个性化知识学习的管理服务平台受到了很多学者的关注。

与技术有关的关键词，如“Web2.0”的被引频次为22次，“移动学习”的被引频次为10次，“云计算”的被引频次为4次，“微博”的被引频次为7次，“SNS”的被引频次为6次。从图2-1中可以看出，这些关键词随着时间的演变依次出现，从侧面反映出虚拟学习社区的技术特征逐渐被学者关注，虚拟学习社区的技术发展随着时间的发展也在不断演变。

与用户使用体验有关的关键词，如“互动”的被引频次为11次，“交互”的被引频次为10次，“归属感”的被引频次为8次，“学习共同体”的被引频次为7次，“社会性交互”的被引频次为5次，这些关键词集中出现在2016年前后，从侧面反映出研究用户在虚拟学习社区中的学习体验与交互过程逐渐成为该领域研究的热点。

2. 英文文献分析

为了分析英文文献中对虚拟学习社区的研究现状，本书在Web of Science核心合集中以“virtual community”或“online community”或“networked community”或“electronic community”且包含“learning”为关键词开展检索，时间跨度为2010年1月至2020年3月，结果仅有119篇文献。因此，删除“learning”的限制，再次检索，共找到952篇英文主题文献。采用CiteSpace作文献计量分析，分析英文文献中虚拟社区研究热点，在CiteSpace中，将Time Slicing设置为“2010—2020”，Node Types设置为“Keyword”，Selection Criteria设置为“T50”，得到英文文献中虚拟社区研究热点的知识图谱，如图2-2所示。从图中可以看出，英文文献中关于虚拟社区的研究主题较为分散。

与研究场景和研究对象有关的高频关键词统计结果如下：“online community”和“online communities”的被引频次为161次。“virtual community”和“virtual communities”的被引频次为128次。“network”和“networks”的被引频次为48次，“social media”首次出现年份为2013年，被引频次为78次，“information”的被引频次为57次，“information technology”的被引频次为26次，“facebook”的被引频次为20次，“twitter”的被引频次为21次，“e-commerce”的被引频次为13次。

与社会学视角有关的高频关键词统计结果如下：“social support”的被引频次为39次，“social network”和“social networks”的被引频次共计34次，“commitment”的被引频次为22次，“social influence”的被引频次为21次，“indentity”的被引频次为20次。

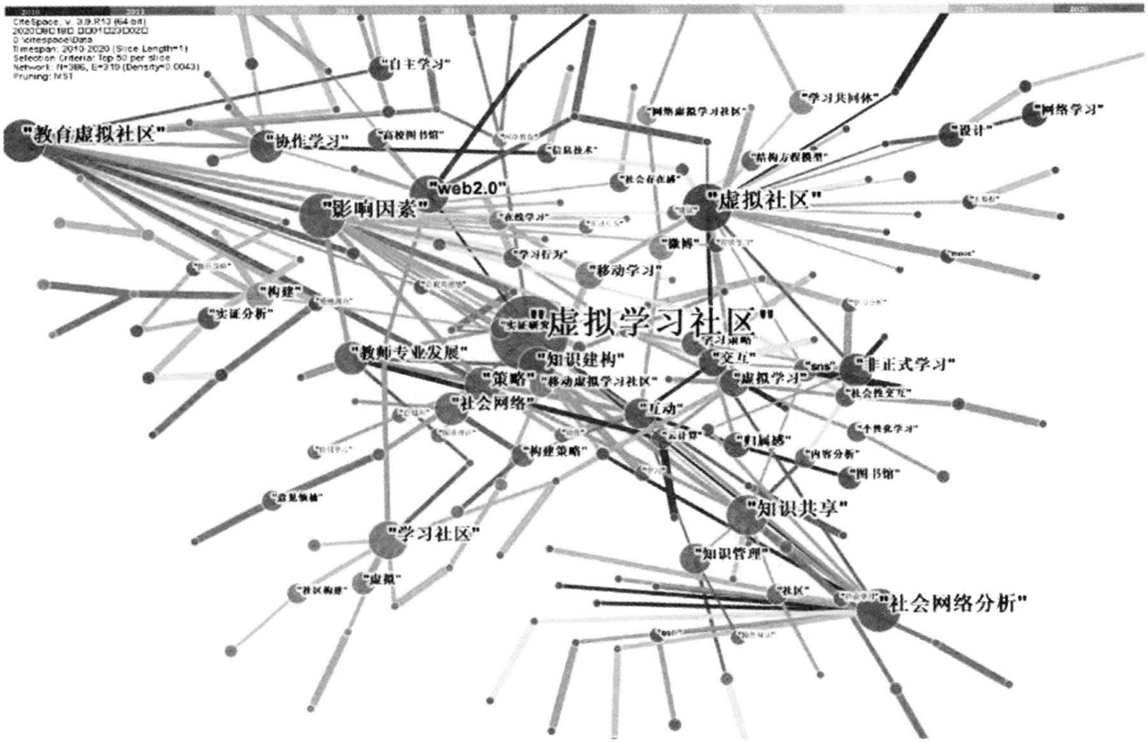

图2-1　虚拟学习社区中文文献研究热点可视化图

注：图中圆圈代表关键词节点，节点的大小和关键词字体的大小都反映该关键词研究的影响力，节点大小和关键词大小的含义相同，节点越大表示该词出现的频次越高；节点之间的连线代表两个关键词共同出现的次数，连线越粗，表明两个关键词共现次数越多，两个关键词的联系越紧密。节点的颜色反映了该主题研究的生命周期，红色代表最近的研究主题，蓝色代表早期的研究主题，图中关键词字体的大小、圆圈的大小客观上反映了不同时期的研究热度。

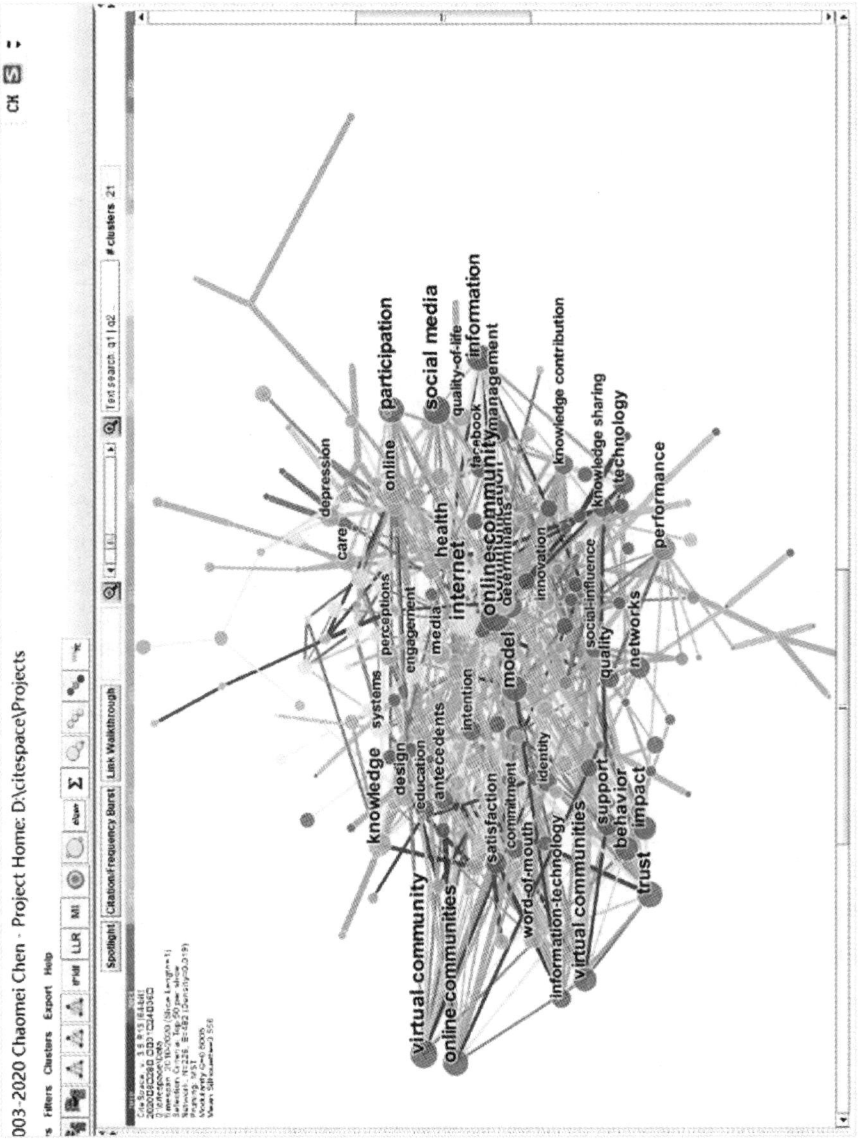

图2-2 虚拟社区英文文献研究热点可视化图

与知识管理有关的高频关键词统计结果如下："knowledge"的被引频次为48次，"knowledge sharing"的被引频次为25次，"knowledge contribution"的被引频次为23次，"knowledge management"的被引频次为18次。

与本书主题相关的关键词被引情况统计结果如下："performance"的被引频次为41次，"satisfaction"的被引频次为30次，"intentions"的被引频次为26次，"education"的被引频次为25次，"adoption"的被引频次为15次。

综上所述，关于虚拟学习社区的英文研究文献并不多，更多的是虚拟社区的文献，从早期的社区的系统设计、满意度的研究到中期的从社会学角度综合分析社交网络应用背景下的在线社区，近年知识共享社区的研究成为热点。

因此，国内外虚拟学习社区研究中知识管理、社会学互动分析、虚拟学习社区平台设计和技术应用都是研究热点，已有研究中以"学习机制"为主题词检索出的文献很少，以学习机制为主题的实证分析类的成果更少。如何结合已有的理论成果分析虚拟学习社区用户学习机制的实践成果，将实践成果提炼为理论成果，还需要学者研究。

二、用户学习机制的研究现状及启示

从图 2-1 的分析结果发现，国内从个体用户视角分析用户学习机制的研究文献较少。将文献的检索时间范围扩大到 2000 年，发现有两篇社区情境下的学习机制研究文献。马南南(2009)研究在线学习共同体的教学设计策略，以"知识成熟过程"模型为指导，从学习流程的角度提出"活动引领"学习框架，引导教师有效开展在线学习。戎红艳(2016)运用社会网络分析及内容分析方法研究微群互动关系特征和知识交流转化过程，并自创"ps 爱好者交流群"，研究大学生非正式学习活动干预策略，最后提出社群中大学生非正式学习机制模型。以上两篇文献侧重从教育学的教学策略角度分析用户学习机制，通过教学活动引导社区用户开展学习。而笔者的研究是基于生态学习观分析用户学习过程中与环境的相互作用关系，从信息系统设计与管理的视角，提出用户学习机制研究模型，以此为基础，用实证分析的方法量化分析用户与环境的相互作用关系和影响路径，最后从信息系统设计与运维角度，提出优化社区平台建设和运维服务的若干策略，从而改善用户在虚拟学习社区中的交互式学习体验，促进学习持续发生，最终收获满意的学习绩效。因此，本书需要借鉴其他情境下的用户学习机制研究成果，从系统与人的作用关系角度，分析虚拟学习社区用户学习机制。

1. 个体学习机制研究

Jacobson 等(2016)认为个体学习是对各种复杂系统中涌现出的符号表征、形式体系及社会文化实践进行编码、表征及参与的认知过程中所发生的变化,最终使得个体感受到自己在智力、生理和情感等方面有提升。柴军应(2015)从分析学习自主性系统着手,深入探讨了小学生学习自主性的内涵、特征和机制。Jacobson等阐述了学习的发展过程和学习结果的变化过程,从个体视角深度分析人是如何学习的。柴军应则从环境对个体的作用关系角度分析个体学习机制,为本书基于生态学习观、系统分析用户学习机制提供了可借鉴的研究思路。

2. 学习型组织的学习机制研究

围绕学习型组织的学习机制,学者们主要从过程视角关注正式学习场景和非正式学习场景中的组织学习机制。

有的学者关注学校等正式学习场景下组织学习机制问题。毛齐明和蔡宏武(2012)依据社会构建学习理论和维果茨基空间的基本框架,将教师学习分为内化、转化、外化和世俗化 4 个阶段。将教师学习机制从观念、行为和交往的 3 个维度理解为"用"中学、"探"中学和合作学习的过程。

有的学者关注产业集群、基于工作场所等非正式学习场景的组织学习机制研究,发表了有价值的学术成果。魏江和魏勇(2004)把产业集群看作是一个知识学习网络,结合集群学习流程,将学习机制概括为 3 类:将发生在产业集群核心层次成员企业之间的知识流动通道和过程称为基于第一层次的学习机制;将发生在核心网络成员企业和辅助网络中的知识流动通道与过程称为第二层次的学习机制;将外部技术机构对集群的技术与培训支持等称为第三层次的学习机制。贺团涛和曾德明(2008)结合生态理论与创新理论,分析知识经济的宏观背景,提出知识创新生态系统的 DICE 理论模型,其中,D 代表 distribution,表示知识分布;I 代表 interaction,表示知识互动;C 代表 competition,表示知识竞争;E 代表 evolution,表示知识演化。根据知识创新生态系统的功能角色和运作模式,指出线性机制、非线性机制和生态机制 3 种知识创新运行机制。蒙玉玲等(2020)基于复杂适应系统理论中的"刺激-反应"模型剖析云创新模式下的中小企业持续性学习机制。

以上学者都是从学习发生的过程视角分析学习机制。毛齐明和蔡宏武从知识的习得过程、合作学习的途径与过程的角度研究教师学习机制;魏江和魏勇提供了一种基于学习过程的学习机制的纵向研究思路;贺团涛和曾德明给出了一种基于知识产生发展流程的横向研究思路；蒙玉玲等提出了基于“刺激-反应”模型的中小企业持续性学习机制。以上研究为本书从学习发生发展过程研究用户学习机制提供了很好的启示。笔者通过综合研究后认为，虚拟学习社区用户学习机制可以分为用户交互式体验、用户持续使用意愿和用户学习绩效3个层面。

第二节　虚拟学习社区用户学习交互研究综述

目前国内外学者围绕交互的分析模型、交互的发生机理和如何提高用户交互体验等问题展开了深入研究。

一、关于用户交互模型的研究进展及启示

针对不同的应用情境，学者们主要关注教育情境和新媒体、新政务、新业态下用户的交互特征，对以教学为目标的信息系统、以信息交流为主的平台和以学习者自主学习为主的信息系统中的用户交互模型展开了深入分析。

有的学者关注在线教育、远程教学等平台中的用户交互，研究正式教育背景下的教学交互，关注如何利用信息技术提高教育教学水平，促进学生真正有效学习，达成教学目标。Moore(1989)重视教学中人的主体作用，将远程教育中交互定义为学习者与学习内容的交互、学习者与学习者之间的交互以及学习者与教师之间的交互。陈丽(2004)继承并发展了Moore的研究成果，以Laurillard(2001)的学习会话模型为基础，关注交互中外在的媒介影响以及学生内在的认知基础，建立了操作交互、信息交互以及概念交互的三层教学交互模型。这3种形式的交互从低级到高级、从具体到抽象，最终目标是促使学习结果朝着教学目标不断接近。陈丽和王志军(2016)指出促进学习者的变化是教学交互的价值趋向。因此教学交互的过程就是促成学习者学习的过程，最终达成学习目标，蕴含着学习过程属性。

有的学者侧重研究非正式教育背景下的学习交互，目的是引导学生自主学习，达成学习目标。McKissick(2014)将在线学习的学生互动定义为学生为了与他人沟通时所发生的任何互动，学习互动包括视频分享和文字交流两种方式。张立国(2008)将虚拟学习社区中的交互定义为学习者和其所处环境之间发生的活动，交互的目的是使学习者行为、反应和心理逐渐达到教育目标。Illeris(2007)详细论述了终身学习环境下学习者的交互概念，指出交互主要是个体通过对话和合作，在情境化的学习过程中与环境互动，最终获得理解、知识和技能的提升。刘威童和汪潇潇(2019)采纳Illeris的定义，将混合式教学环境中的学

习交互定义为个体与其所处学习环境之间的互动。

通过分析以上学者关于教育背景下的教学交互模型和学习交互模型的研究成果，不难发现学习交互是个体为达到目标，与其所处的环境发生的互动过程。因此，环境的属性特征是分析用户交互的基础。

有的学者关注新媒体、新政务、新业态下用户的交互。学者们在这个情境下，不仅仅关注用户与物质性实体环境的互动，也关注用户与社会性环境的互动。齐云飞等(2018)指出，问答社区中的信息交互是存在于两个以上主体之间的信息交换过程，伴随着“人—机”之间以及“人—人”之间的信息流动过程。前者是真实信息流，后者是感知信息流，感知的信息流发生在用户所处的社会环境中。姚山季等(2018)指出创建并维持用户与虚拟内容社区间的亲密关系是社区管理的关键，按照互动的目的，将社区的用户互动划分为求助互动和人际互动两个维度。邓胜利(2015)从网络用户信息交互过程入手，依据互联网数据中心提出的 SICAS (sense-interest & interactive-connect & communicate-action-share, SICAS)模型，分析归纳出在社交网络环境下，用户历经了从“人—机交互→人—信息交互→社会交互”的演变过程，“人—机交互”关注的是系统友好性；“人—信息交互”(human information interaction, HII)强调用户与信息的有效交互及关联；最后从行为和情境驱动两个维度分析构建网络用户信息交互行为模型。

综上所述，在用户连接创造价值的社交网络环境的新经济形态下，本书分析用户交互模型时，要系统分析用户所处的社区环境，从物质性环境和社会性环境两方面分析用户与环境的作用关系。在以教学为目标的信息系统中，研究者关注的是教学交互；在以信息交流为主的平台中，研究者关注的是信息交互；在以学习者自主学习为主的信息系统中，研究者关注的是学习交互。因此，交互是用户为达成目标，与系统环境发生作用关系的一个过程。

二、关于用户交互影响因素的研究进展及启示

学者们用不同的方法分析信息系统用户交互影响因素。有的关注行为维度的用户交互研究。马捷等(2020)运用扎根理论方法，从用户特征、信息内容特征、信息发布者与平台提炼 4 个主范畴分析新媒体环境下用户政务信息交互行为的影响因素。齐云飞等(2018)利用数据挖掘方法分析知乎社区用户真实行为的数据，验证了不同主体间的交互影响关系以及环境对交互的影响。这两种方法分析了用户与物质性环境的互动关系，但是无法获得用户的主观感受数据。社区类平台中不仅有真实的信息流传递，还有感知的信息流传递。虚拟学习社

区中的用户通过分享、提问和反馈等方式学习，不仅能在交互过程中得到启发，还能在获取知识的同时提高自己的学习能力、沟通能力及信息素养。当代教育价值观是以人为本，这必然要求学习的最终目标是获得愉快的情感体验（段金菊，余胜泉，2013）。因此，需要关注学习者学习过程的积极情感投入以及学习结果中蕴含的情感的内化、积淀和升华，丰富虚拟学习社区用户学习体验的研究维度。

有些学者综合考虑用户行为和情感对交互的影响。赵呈领等（2018）对高校本科生和研究生发放问卷，分析泛在学习环境下用户的信息交互，利用 SPSS 软件和结构方程模型对收集的 337 份有效问卷进行分析与验证，发现媒介交互和情感交互直接显著正向影响认知交互；媒介交互、认知交互、情感交互和社会交互均显著直接正向影响用户信息交互。赵爱萍（2019）从学习者行为态度、学习者知觉行为控制、教师影响、虚拟学习社区环境方面分析对用户知识交互的影响。卢潇和胡凡刚（2017）采用问卷调查法从主体因素、目标内容因素、资源因素、支撑因素、文化因素 5 个方面分析教育虚拟社区交互效果的影响因素。Molinillo等（2018）研究社交网络环境下的协作学习，分析社会存在、学习交互和情感参与对学生主动学习的影响，其中，学习交互包括师生交互和生生交互。用偏最小二乘法分析 416 名学生的有效问卷，研究发现社会存在与师生互动通过情感参与对学生的主动学习有直接和间接的积极影响。以上研究结果均表明，情感交互对用户学习交互有积极影响，情感是用户学习交互行为的催化剂。

虚拟学习社区的用户学习交互不仅是用户获取知识的起点，更是一种学习体验。Garrison 等（1999）提出基于认知存在、社会存在和教学存在三要素，创建以学习体验为核心的在线协作探究学习社区理论模型。该模型对优化在线学习社区服务环境、促进有意义的学习发生、改善学习体验、提高学习效果有积极的指导作用。因此，本书需要分析用户交互体验的研究进展。

三、关于用户交互体验的研究进展及启示

用户交互式学习行为是用户在线学习过程的切入点，但是，将学习者视为具有主观能动性的人，关注他们学习交互行为的初始状态，提高用户交互体验的研究并不多见。借鉴《体验经济》的作者 B. 约瑟夫 · 派恩（B. Joseph Pine Ⅱ）和詹姆斯 · H. 吉尔摩（James H. Gilmore）（2002）关于消费的观点，笔者认为，学习是一个过程，用户与虚拟学习社区的环境发生交互时，关注的是一种整体感受，它是一种参与、一种经历，需要用完整的体验设计来看待所有交互。汪琼（2020）指出建立良好学习体验的核心要义是基于 Garrison 等（1999）提出的探究学习社区

理论模型中的教学存在感，他们将“教学存在感”定义为“为了实现对个人有意义、教育上有价值的学习结果，而对认知过程和社交过程所进行的设计、促进和指导”。该定义是一个操作性描述定义。教学存在感启发笔者在设计虚拟学习社区环境时，要设计并促进用户获得良好的交互式学习体验。

用户体验是用户在使用某种服务或产品过程中建立的主观心理感受（赵宇翔等，2011）。用户的交互式体验蕴含在用户的交互中，很多学者用用户使用时感知的状态来衡量用户体验。Newhagen 等（1995）最早提出感知交互性概念，从“对效能的心理感受”和“对媒体系统交互性的感觉”两个维度衡量感知交互性。随后，学者们将这个概念应用于各类网站的研究。汪祖柱和吴磊（2013）在研究专业虚拟社区服务品质提升对策时，将用户感知到的有助于其获取知识、理解知识的社会交互定义为感知的社会交互，指出社区的社会交互越频繁，越能激发用户隐性知识的表达，形成新知识。刘百灵等（2018）在研究移动购物平台时，将用户对购物信息呈现形式的控制及与服务商和其他人进行互动的程度定义为感知交互。感知交互是从用户使用目标出发，对与周围环境所发生的作用关系状态的感知。Zhao 和 Lu（2012）采纳 Hoffman 和 Novak（1996）的定义，将微博的交互性定义为人际交互和人机交互，人际交流可以称为人与人的交互或者社会性交互；人际交互从人际传播视角关注对用户发布内容的响应性，人机交互从技术特性角度关注系统对用户的响应性。因此从控制性、游戏性、连接性和反应性 4 个方面测量用户的感知交互性。

影响用户体验的因素是复杂的。魏温远（2013）指出用户体验目标不同于可用性的客观评价，它不仅依赖于产品使用过程，还受到其他因素的影响，是一个比较主观的评价。美国心理学家 Gibson（1979）提出了“affordance”一词来描述事物被认识或使用的属性，提倡以客观事物的诱发为中心的思维模式。可供性理论旨在揭示客观和主观世界中实体或者概念属性受到的承载与依托的作用。Norman（1999）将“affordance”概念引入到设计学中，希望设计者创造的人工制品与用户的心理需求被尽可能地等同映射出来，设计出能支撑和满足各种动因需求的产品、系统和服务。Kirschner（2002）将教育计算机支持的协作学习定义为一个工件的特征，该特征决定了一个特定的学习行为是否以及如何在给定的上下文中被实施。

技术可供性理论起源于可供性理论，个人通过判断信息技术是否适合于完成特定的任务和实现其目标去认知和解释信息技术。在过去的10 年中，技术可供性被广泛应用于在各种研究背景下，个人认知反应和行为意向中的IT人工制品的影响研究。Shao等(2020)从3个方面总结技术可供性的3个启示：①体现在互动性上，侧重于用信息技术促进用户间的沟通合作和互动；②体现在信息上，通过促进创造、储存、改造、提炼、获取、调动、应用和利用等方式，保障信息质量和知识来源的可信度；③体现在导航管理上，它代表了通过增加网站的清晰度、可理解性和外观，帮助用户轻松地在网站上移动和定位。技术可供性侧重从IT功能上分析系统环境对个体的承载和依托作用。可供性概念来自直接直觉论中对于人与环境之间理想化的即时行为的解析，研究者能够基于可供性概念，在用户和产品之间建立自然的交互关系，透过这个概念清晰地理解人与环境之间顺其自然的交互行为是如何发生的。

用户在虚拟学习社区中不仅仅是使用信息系统，还在学习体验中收获个人情感的成长。Weidlich和Bastiaens(2019)设计社交学习环境，培养社会情感，用前后对照组实验的方法，研究社会情感变量对在线学习的影响。社会给养不一定需要以一种深层次的方式进行有序的参与对学生的认知产生影响。相反，仅仅是可用性和/或偶尔参与就足够把一个冷漠的环境变成一个相对友好的环境。这个实验验证了设计社交学习环境的生态学方法。彭念凡(2019)基于Gibson(1979)提出的“affordance”概念，将环境对有机体行为的相互作用的互惠关系称为给养，探究学习平台中学习者知觉—行动的生态耦合关系，结合最近发展理论构建大学英语学习平台给养框架，将平台给养分为隐性给养、显性给养和附带给养，通过人机交互界面，正向给养能引发知觉—行为的耦合关系，满足学习者与环境之间的互惠关系。因此，技术可供性和社会可供性理论共同支撑起个体在虚拟学习社区中的交互式学习体验。可供性(affordance)概念的理解与应用为虚拟学习社区开发服务者、知识提供者以及用户之间建立自然和谐的交互式学习体验关系提供了理论基础。

基于以上学者的研究成果，虚拟学习社区的交互设计不能仅仅停留在人机交互界面，而应以促使用户学习为最终目的。用户的每一次知识学习过程都是构成交互式学习体验的一部分，在交互中建立的人际网络、群体归属也都是构成其完整交互学习体验不可分割的一部分。张弘韬(2020)指出，在5G背景下，多通道、泛交互、情境感知等媒介融合将在移动终端上体现得淋漓尽致，交互体验设计将在社区中发挥重要作用。在移动互联网时代，系统整合各类社交应用软件，满足用户多终端的学习场景需求，让用户能围绕社区凝聚在一起，促成以学习成果为指向的交互体验，均是提升用户学习交互体验设计需要整体考虑的方面。

第三节　虚拟学习社区用户持续使用的相关研究

根据以“虚拟学习社区”为关键词的文献计量分析结果，可以发现，当前以虚拟学习社区为研究对象，分析用户持续使用意愿和行为的文献并不多。为了分析识别影响用户持续使用意愿和行为的关键因素，本节在分析虚拟学习社区用户持续使用相关文献的基础上，还将系统梳理关于微博、微信、知识问答社区、在线学习平台等交互式信息系统的实证研究成果，以期为分析虚拟学习社区用户持续使用意愿提供理论基础和研究启发。

一、虚拟学习社区用户持续使用的研究现状及启示

关于虚拟学习社区环境下用户持续使用的研究文献不多，有的是综述类文献，分析关键研究变量和研究理论；有的从动机驱动、网络环境特征、技术特征、社会特征等角度分析用户持续使用的影响因素。有两篇发表于近期的综述类文献，都是以文本分析为研究方法，一篇是关于教育技术可持续性使用研究的总体趋势研究，另一篇是关于在线知识共享机制文献分析。其中 Dağhan 和 Akkoyunlu(2015)以 SSCI 和 CPCI-SSH 为检索数据库，以“可持续性”“持续意愿”“持续性”“持续性意图”“行为意向”“信息系统持续性”“信息系统持续意图”“持续使用”“持续使用性”等为检索词，进行文本分析发现，基于网络学习环境下的研究成果最多，最少的是虚拟社区和个人问答系统，学者们使用最多的研究模型分别是期望确认理论、信息系统持续使用模型和技术接受模型，最常用的自变量是满意度、感知有用性、易用性和态度。Charband 和 Navimipour(2016)系统分析 2015 年前的 251 篇关于在线知识共享的文献，指出未来的研究需要关注如何打破知识共享的边界，知识共享的成本评估，自我效能感、绩效期望等主题。这两篇文献都发现，从技术特征、动机驱动和社会特征等角度选取研究变量是学者分析用户持续使用影响因素的主要思路。

虚拟学习社区是以学习交流为目的知识类在线社交服务平台。因此，在研究虚拟学习社区用户持续学习时，社会学的属性特征进入了学者们的研究视野，学者们将个体嵌入社会情境下，分析用户持续使用意愿和行为影响因素。

有的学者从动机角度分析虚拟学习社区持续使用意愿。Hernandez 等(2011)基于社会动机理论研究持续使用影响因素，分析学习者对信息交流技术等交互工具的态度和使用行为背后的社会动机，提出预期的互惠关系和预期的

外部奖励会正向影响用户的使用态度，态度通过影响用户使用，间接影响用户的持续使用意愿。实证分析表明，社会影响和利他主义与互惠关系有关，互惠关系以及教师的认可都对用户使用交互工具的态度和持续使用产生强烈的积极影响。Chou 和 Hung(2016)将自我呈现理论应用到电子社区采纳后阶段的知识绩效提升机制研究。利用调查问卷收集数据，用偏最小二乘法做实证分析。结果表明：在线自我呈现质量对关系发展有正向影响，进而提升用户发现知识和贡献知识的持续意愿。以上研究表明，用户使用交互式工具的态度对用户学习有积极影响，个体在社区中的形象塑造对个体社会关系的形成有正向影响。交互是虚拟学习社区情境下反映用户社会属性的重要研究变量。

有的学者从技术特征和动机驱动角度研究持续使用意愿影响因素。Zhang 等(2017)收集了 313 名大学生的调查问卷，用结构方程模型分析在虚拟学习社区服务中用户持续使用意愿的影响因素。发现感知信息质量和感知交互质量直接影响感知有用性，满意度最终决定用户的持续使用意愿。用户体验在其中起调节作用，对体验度一般的用户，感知有用性对持续使用意图的作用更显著；相反，对体验度较好的用户，信息质量满意度和交互质量满意度对用户持续使用意图的作用更显著。Zhang 等的研究表明，虚拟学习社区中用户的交互式体验会显著影响感知有用性对满意度的作用关系。Wu 和 Chen(2012)从进化心理学的角度研究电子学习系统用户使用行为，探索最少努力和社会互动这两个重要的进化心理特征对学生电子学习系统决策的影响。基于这两种心理特征，提出网络学习系统使用中，最少努力和社会互动之间的关系。最后，用 ZMET(zalman metaphor elicitation technique)隐喻启发技术分析收集的定性数据，结果说明最少努力和社会互动对用户使用电子学习系统有积极影响。以上学者研究表明，在社会化情境下，用户的交互式学习体验对用户持续学习意愿和行为有积极影响。

有的学者从社会特征和动机驱动角度研究持续使用行为的影响因素。Jin 等(2015)针对中国一个流行的在线社会，基于社会资本理论、社会交换理论和社会化学习理论，采用负二项回归检验假设分析用户在知识社区中的持续贡献行为的影响因素。实证结果显示，成员的自我呈现、其他成员的认可以及社会学习机会对知识贡献行为有正向影响。

有的学者综合考虑个体特征、技术特征和动机驱动对持续使用行为的影响。Hew 和 Kadir(2017)基于自我决定理论和通道扩展理论，分析教师在基于云服务下的虚拟学习环境的实际使用行为和教学绩效，将在全国 351 所学校中随机选择的608名老师分为两组，用多层感知器神经网络分析数据。结果表明：人口统计学特征、媒体丰富度、虚拟学习社区的内容设计、交互性、学习支持、知识分享、信任等属性特征，基于自我决定理论中涉及的感知关联、感知能力和自主意识，都与预测使用行为有关。这项研究提供了一个从行为意向和持续行为意向到实际使用行为转变的新的研究范式。钱瑛(2015)以期望确认理论为基础，整合社会化网络的感知兴趣、感知互动两个变量，加入内容驱动因素和学情定位变量，用结构方程模型来构建用户持续学习的概念模型。张静和王欢(2018)从个人因素、课程因素和技术与平台因素3个方面总结分析目前在线教育平台学习者持续学习的影响因素，研究发现，持续学习意愿和社会对课程与平台的评价是最直接的原因。

综上所述，用户在虚拟学习社区中的持续使用意愿与行为不仅受到个体特征的影响，还受到社会层面中社会互动及其群体关系的影响。很多学者实证研究的结果表明，交互是影响用户使用态度和持续行为的重要变量，用户交互体验是否是促使虚拟学习社区用户持续性学习的重要影响因素，将是本书重点研究的问题之一。

二、信息系统用户持续使用意愿或行为文献分析及启示

虚拟学习社区不仅是在线学习系统，同时还具有社交特性，通过互联网将拥有共同兴趣目标的人连接起来，基于虚拟学习社区的教育性、社会性和技术性特征，正如生态学习观所强调的用多学科视角，从教育学、社会学、心理学、管理学等学科视角，分析用户持续使用意愿和行为。因此，将文献的查询范围扩展到相关信息系统领域下的持续使用意愿，用文献分析方法，梳理总结各学科视角下的持续使用意愿或行为的前置变量，为本书分析虚拟学习社区环境下的持续使用意愿或行为提供理论借鉴。

1. 教育学视域下用户持续使用意愿研究

远程教育领域是最早应用虚拟学习社区开展正式学习的实践场所。追溯该领域的成熟思想对本书系统分析用户持续使用意愿和行为有指导意义。

Tinto(1973)提出高校学生辍学的概念模型，该模型将学生继续学习或辍学的决策归因于入学前个体属性、教育机构的目标和承诺、学术融合和社会融合。Kember(1989)改进Tinto的模型，加入成本收益分析对学习者辍学(或完成学业)的决策过程进行解释，提出适用于远程教育的学生辍学模型。以上两个模型纵向地解释了学生从入学到辍学行为发生的整个过程，但并未全面地梳理影响

辍学行为的各种因素。Rovai(2003)对先前研究所发现的各种影响因素进行汇总和分类,补充了 Kember 的模型,提出可对远程教育学习者持续学习行为进行全面解释的综合模型(图 2-3)。

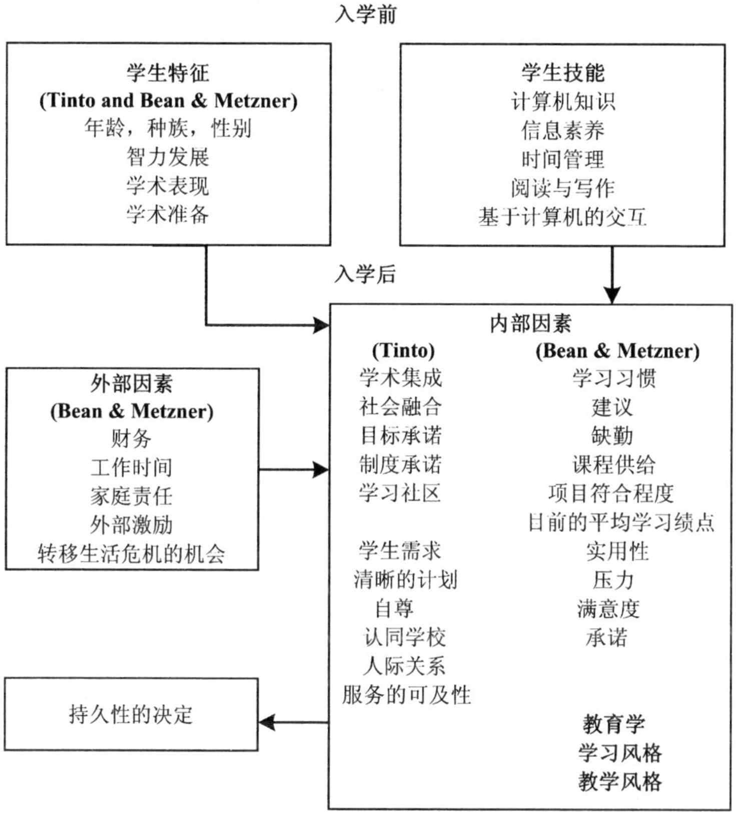

图 2-3　远程教育学生可持续学习模型

资料来源:笔者根据 Rovai(2003)文献翻译并修改。

因此,开展远程教育的在线学习系统是个复杂的系统。用户的持续性使用意愿不仅受到在线学习系统内部因素的影响,还受到用户外部环境以及用户个人特征的影响。在线学习系统内部的影响因素也涉及很多方面,既有课程质量、系统实用性、服务的可及性影响,还有社会融合和人际关系的影响,以及个人学习风格、教师教学风格的影响。用户在系统中学习需要具备一定的计算机技能、信息素养和与计算机交互的水平,用户和系统的交互体验会影响用户是否继续在社区学习。

2.信息系统视域下用户持续使用意愿研究

从虚拟学习社区技术性的特征角度考虑，虚拟学习社区首先是一个信息系统，本书可以运用信息系统持续使用相关理论模型来分析用户持续使用意愿。

持续使用意愿和行为研究常用的理论模型有：Oliver（1980）的期望确认理论（expectation confirmation theory，ECT），Bhattacherjee（2001）的信息系统持续使用模型（expectation-confirmation model of is continuance，ECM-ISC），Venkatesh 等（2003）的整合型技术接受和使用模型（unified theory of acceptance and use of technology，UTAUT）。很多学者基于这些模型开展了各类信息系统的用户持续使用意愿或行为的实证研究。

早期的研究对象主要是传统的办公类软件、学习软件或传统的电子商务类信息系统，关注的是期望确认、感知有用性、满意度、用户使用习惯、使用动机等变量对用户持续使用意愿的影响，一般直接利用已有的理论模型解释该场景下的用户持续使用意愿。随着社交网络技术的普及，研究者从社会影响维度引入新的变量分析用户使用动机，扩展了满意度的前置变量，促进了模型的发展，提高了模型的解释力。社交类软件的用户使用动机不仅是为了满足个体对软件实用功能的需要，还为了满足用户社交娱乐等情感需要（Yin et al，2015；赵雪芹，王少春，2019；王德胜等，2020）。用户学习动机不仅来自内部的知识渴求，还反映在学习过程愉悦等情感性需求上，在社区中建立的人际关系可以满足学习者的情感需求，增强用户使用虚拟学习社区的满意度（Hernandez et al，2011；Buil et al，2012）。因此，在以知识社交服务为基础的学习社区中，用户满意度的定义与测度是否随着技术的发展、学习者预期的变化而有所变化，是需要思考和研究的问题。

随着应用情境的丰富，学者在分析系统特征的基础上，对模型进行修正或者引入新的研究变量，构筑新的理论模型进行实证研究。Tang 等（2014）将学习体验、自我效能感和感知有用性 3 个变量整合到 ECM 模型中，分析微博用户的持续使用意愿。实证结果表明，增加这 3 个变量后，大大提高了用户持续使用意愿的解释度。许雪琦和张娅雯（2020）基于整合型技术接受和使用模型 UTAUT、心流体验等理论，构建移动学习平台用户使用行为影响模型，研究发现感知移动性通过直接正向影响用户绩效期望，间接影响满意度和使用行为，心流体验和满意度均显著正向影响用户使用行为。Al-Maroof 和 Salloum（2021）整合心流理论、信息系统的 ECM 模型和信息系统成功模型，利用结构方程模型（SEM-PLS）

对 515 名学生的在线调查结果进行了实证验证。研究结果显示，注意力集中、感知享受、感知有用、感知易用性和满意度显著正向影响学生持续使用谷歌课堂的意愿。这些学者的研究表明，随着交互技术和虚拟现实等技术的发展，用户使用系统的交互体验、沉浸式体验的感受会显著增强，这些技术所带来的用户体验的变化是否会显著提高虚拟学习社区用户的持续使用意愿，本书将在第五章深入研究该问题。

表 2-1 整理了信息系统视域下用户持续使用意愿的相关研究成果。分析发现，信息系统持续使用模型中的重要因素感知有用性对用户满意度和持续使用意愿的实证结果不尽相同。Al-Emran 等（2020）整合技术接受模型（technology acceptance model，TAM）、计划行为理论（TPB）和期望确认模型（ECM）等多种信息系统用户模型，分析移动学习用户持续使用意愿。用偏最小二乘法分析收集到的 273 名研究生数据，实证结果表明，感知易用性、态度、感知行为控制和主观规范是解释持续使用移动学习的重要预测因素，感知有用性和满意度对持续使用意愿有显著正向作用。张璇和吴清烈（2010）、陈瑶（2011）、唐莉斯和邓胜利（2012）的研究表明，在移动网络、社交网络支持的信息系统中，用户感知有用性已经不再是显著影响用户满意度的重要因素。

表 2-1　信息系统视域下用户持续使用意愿和行为研究相关研究成果

影响因素	研究对象	文献来源
期望、感知绩效、期望确认、满意度	顾客下次购买意愿	Oliver，1980
期望确认度、感知有用性、用户满意度	用户持续使用意愿	Bhattacherjee，2001
态度、感知绩效、使用意愿、习惯、促成因素	信息系统用户持续使用行为	Limayem et al，2001
感知有用性、期望确认、满意度、信息系统持续意愿、综合使用、之前使用频次、习惯	信息系统用户持续使用行为	Limayem et al，2007
系统功能、个体心理、社会维度、用户态度、感知行为控制、持续参与意愿	问答社区用户的持续参与行为	Fang，Zhang，2019
期望确认度、感知有用性、满意度、感知愉悦性、结构嵌入度、感知隐私风险	社交网络服务的用户持续使用意愿	Yin et al，2015
用户满意度、感知易用性、感知有用性、感知娱乐性、相对优势	微信小程序用户持续使用意愿	赵雪芹，王少春，2019

续表 2-1

影响因素	研究对象	文献来源
自我效能感、体验学习、期望确认、感知有用性、满意度	微博用户持续使用意愿	Tang et al, 2014
心流体验、感知移动性、学习内容质量、感知成本、服务质量	移动学习用户持续使用意愿	许雪琦，张娅雯,2020
资源质量、系统质量、服务质量、感知有用性、期望确认度、满意度、自我功效、持续使用意向、促成要素	数字教育资源用户持续使用行为	杨文正等, 2015
感知开放性、感知声望、感知有用性、感知娱乐性、期望确认、满意度	慕课用户持续使用意愿	Alraimi et al, 2015
期望确认、认同需要、认知需要、社交需要、娱乐需要、使用满意度、社会影响	微信小程序用户持续使用意愿	王德胜等, 2020
注意力集中、感知享受、感知有用性、感知易用性、满意度	大学生使用谷歌课堂的持续意愿	Al-Maroof，Salloum, 2021
体验差距、感知愉悦性、感知有用性、感知成本、转移成本、用户满意度	移动商务用户持续使用意愿	张璇，吴清烈,2010
感知易用性、感知有用性、感知趣味性、感知转换成本	社交网站用户持续使用意愿	陈瑶,2011
系统质量、期望确认度、感知有用性、满意度、信任感知、娱乐感知、转换成本	社交性网络服务用户忠诚行为	唐莉斯，邓胜利,2012

资料来源:笔者根据相关文献整理。

随着移动社交软件的广泛应用,用户在虚拟学习社区的学习体验和学习动机不同于普通的在线学习平台,社区中用户的人际交流和新技术带给用户的交互式体验也影响着人们使用社区的期望,是否能够构建新的理论模型,表征新技术的发展带来的用户体验与用户持续使用意愿之间的关系,是个值得系统研究的问题。已有研究多是在成熟的理论模型上,增加新的解释变量,还缺少从用户体验视角构建新模型的探索性研究。

3. 社会学视域下用户持续使用意愿研究

从虚拟学习社区社会性特征角度考虑,虚拟学习社区也是一种新型社会关系,本书运用社会学的相关理论模型来分析学习者的持续使用意愿,发展相关变量。主要的理论基础有社会影响理论、社会认知理论等。

社会影响是指个体的情感、意见或行为会因他人的影响而发生改变。陈珂珂(2017)从个体层面和群体层面分析社会影响过程,将用户参与虚拟品牌社区分为顺从、认同和内化3个过程,探索用户参与行为的产生机制。研究表明,这3个过程在个体动机因素到用户决策过程中起中介作用。

社会认知理论是解释社会学习过程的重要理论。社会认知理论强调人的认知因素在行为过程中的作用,认为人的行动是由环境、个人及其行为持续交互作用的结果。Laux等(2016)基于社会资本理论、组织行为学、社会认知理论分析虚拟合作学习环境下学生的持续参与,实证研究表明,系统有用性、合作学习参与度、校园连接度、社区归属感、组织情感承诺对学生参与团队学习有影响。

因此,用户在虚拟社区中的持续使用意愿受到个体使用信息系统的体验以及个体在信息系统互动使用中所产生的社会群体的共同影响。探索是什么促使人在社区中持续学习,这个复杂的问题没有简单的答案。每个人都是独特的,他(她)的行为源于高度个人化和复杂的个人与社会因素的相互作用。因此,本书需要从多学科综合视域下探索影响用户持续学习的关键因素。

4. 多学科视域下的用户持续使用研究

人的行为是受多种因素影响的结果,单靠一种理论对其进行解释难免会片面,因此,可以从多种学科的复合视角整合多个基础理论模型,分析系统的持续使用意愿或行为。代表性文献如表2-2所示。这些文献为研究虚拟学习社区的用户持续使用意愿和行为提供了理论基础和方法借鉴。

表2-2 多学科视域下用户持续使用意愿研究代表性文献

理论基础	学科	影响因素	研究对象	文献来源
信息系统持续使用模型、动机理论	信息系统、心理学	期望确认、态度、好奇心	虚拟学习社区用户持续使用意愿	MinDai et al, 2020
信息系统持续使用模型、理性行为理论	信息系统、心理学	期望确认、感知有用性、主观规范、满意度	社交网络工具用户持续使用意愿	梁士金, 2020

续表 2-2

理论基础	学科	影响因素	研究对象	文献来源
期望确认模型、社会资本理论	信息系统、社会学	社会价值的确认、娱乐价值的确认、功利价值的确认、满意度、关系强度,感知临界质量	移动及时通信用户的持续使用意愿	Gong et al,2020
人际过程模型、媒介同步性理论	社会学、传播学	反馈即时、内容真实、符号集丰富、亲密度	博客受众的持续使用意愿	Wang,Chang,2020
信息系统成功模型、期望确认理论	信息系统、心理学	感知有用性、期望确认、服务质量、系统质量、信息质量、满意度	知识共享平台用户持续使用意愿	Pang et al,2020
自我调节框架理论、信息系统成功模型	心理学、信息系统、	自我效能感、易学性、内容质量、满意度	慕课平台用户忠诚度	Heng et al,2020
技术接受理论、社会认知理论	信息系统、心理学、	自我效能感、自我享受、自我发展、社会规范、感知易用性、感知有用性、学习体验	慕课平台用户持续使用意愿	Shao,2018
动机理论、技术供给理论	社会学、信息系统	交互性功能体验、信息功能体验、导航体验、满意度	社交网站用户黏性	Shao et al,2020
互惠决定论、价值共创造、社会认知理论	知识管理、社会学	知识自我效能感、话题丰富性、个性化推荐、社交性交互活动	知识问答社区用户行为	Zhang et al,2019
信息系统持续使用模型、社会影响理论	信息系统、社会学	感知有用性、期望确认、满意度、社会影响	在线学习平台用户持续使用意愿	Lin,2019
信息系统持续使用模型、辍学理论	信息系统、教育学	学术融合、感知有用性、期望确认度、满意度、社会融合、外部因素	在线教育平台用户持续学习意愿	谭明杰,2015

续表 2-2

理论基础	学科	影响因素	研究对象	文献来源
信息系统持续使用模型、沉浸理论	信息系统、心理学	平台客观因素、感知有用性、满意度、个体情感因素、社交因素、情境因素	社交媒体用户持续使用意愿	武慧娟等，2020

资料来源：笔者根据相关文献整理。

笔者发现，在持续使用阶段，信息系统持续使用理论（ECM-ISC）是学者们最常用的基础模型（Hai et al，2020；梁士金，2020；Pang et al，2020；Heng et al，2020；Lin，2019；谭明杰，2015；武慧娟等，2020）。有的学者从心理学角度扩展 ECM-ISC 的研究变量，有的学者关注的是个体的心理动机，有的学者关注的是群体的社会影响，有的学者关注的是环境感知。研究者普遍遵循的研究思路是从人、行为、环境三者相互作用中选取研究变量，基于分析对象的环境特征，基于不同的学科基础选择理论模型，针对关键因素的特征，扩展基础理论模型，构建新的理论模型。

第四节　虚拟学习社区用户学习绩效研究综述

一、虚拟学习社区用户学习绩效研究现状及启示

虚拟学习社区为学习者提供了时时可学、处处能学的网络学习环境，研究用户学习绩效的影响因素及各因素的作用路径，对于深入理解基于绩效提升的用户学习机制、优化社区建设环境和服务策略具有现实意义。因此，笔者系统梳理相关文献，在已有研究的基础上，以期为过程视角分析学习绩效提升的学习机制提供可借鉴的研究思路和关键变量。

以“学习绩效”和“虚拟学习社区”为关键词在中国知网（CNKI）、万方数据库、百度学术、Google 学术上精确检索，有关虚拟学习社区学习绩效的中文文献寥寥可数。张翔和毛刚（2009）指出制定学习者策略和重视虚拟学习社区环境建设是提升学习绩效的关键。金坤（2009）选取中小学教师教育技术能力远程培训班作为研究对象，利用社会网络分析软件获取个人的网络结构位置和协作学习小组的网络结构型态，分析其与个人成绩和小组成绩的关系。研究发现，学习者所在网络位置不能预测学习者个人的成绩，但是学习小组内平等的讨论氛围有利于提高小组学习绩效，特别是激发学习者通过深入讨论获取新知识的互动越

密集，越有利于提高小组学习绩效；相反，如果深入讨论很少，讨论密度越大反而会降低小组学习绩效。曾桂和程艳(2014)指出根据知识点的难易程度，结合学习者个体特征，个性化地推荐知识点，可以提高虚拟学习社区的用户学习绩效。邓新明等(2020)研究发现，团队职能异质性会通过管理者认知和团队冲突间接影响绩效。

以"virtual learning community""virtual learning communities""learning performance"和"learning outcome"为标题检索词，在 WOS、ScienceDirect 数据库中精确检索到的英文文献屈指可数。Corallo 等(2010)通过创建"电子商务解决方案工程师"虚拟学习社区，提出并验证了个人成长和团队成长这两个维度的绩效提升方法：一个是关注个人发展和满意度的提升，另一个是关注社交网络的动态和合作内容的创造。Lee 等(2011)探讨了领导风格、基于网络的组织承诺对网络学习绩效的影响。

由此可知，虚拟学习社区的用户学习绩效研究还未得到研究者的重视，如何分析学习绩效的影响因素是未来需要关注的研究方向。本书借鉴网络学习绩效的相关研究成果探索研究虚拟学习社区学习绩效的影响因素。

二、网络学习绩效研究进展

网络学习绩效研究可分为 4 个主题：多样化数字学习环境下学习绩效评价及促进策略研究；学习绩效影响因素理论及实践研究；基于学习分析技术的学习绩效量规设计及个性化知识服务；组织学习对提高企业绩效的中介作用研究(宋慧玲等，2017)。本节主要关注学习绩效影响因素理论及实践研究这一主题，系统梳理相关文献，为本书研究用户学习绩效奠定理论基础。

有的学者侧重从心理学角度分析学习者个人特征，如自我效能感、自我管理能力、学习风格、目标激励等因素对学习绩效的影响。张燕南等(2010)基于认知和学习等相关理论，提出并检验了认知风格与学习绩效的关系。黄天慧和郑勤华(2011)，发现对信息技术的态度、计算机自我效能感、计算机焦虑感以及过去学习成绩是学习者数字化学习绩效的影响因素。蒋国东和陈如佩(2019)研究发现学习风格显著正向影响学生外语学习绩效。王季等(2013)采用准实验研究设计方法，验证了远程教育学生学校归属感可以提高其学习绩效。Woo(2014)发现动机和认知负荷显著影响学习绩效。赵德慧等(2014)实证研究发现，大学生心理资本(自我效能、希望、韧性、乐观)的 4 个子维度与学习绩效正相关，希望与学习绩效的线性相关关系最大。徐彩云(2012)实证研究发现，专业承诺对学习绩效有显著直接正向影响；专业承诺通过组织承诺中的情感承诺这一中介变量对学习绩效有积极正向影响。Silva 等(2015)基于认知理论，研究了不同学习风格对学习者在线学习绩效的影响。Castillo-Merino 和 Serradell-López(2014)研究加泰罗尼亚开放大学在线课程学习绩效，实证研究结果表明，动机是重要影响因素，其次是自我效能感。以上研究结果表明，个体的认知风格、自我效能、学习风格、组织承诺、归属感等均会影响网络学习绩效。

有的学者从环境因素和个人因素两方面分析学习绩效的影响因素。其中，多数学者用理论分析方法，基于教学实践认知和文献分析，归纳总结出学习绩效的影响因素。刘三女牙等(2020)研究发现，社会网络中心度会影响学习绩效。衷克定和梁玉娟(2006)研究发现，学习社区结构的教育性、技术性和社会性三者交互作用对学习绩效有显著影响。张伟刚(2009)给出影响学习绩效的 4 个独立元：学习目标、学习能力、网络环境和学习态度。少部分学者对大学生、远程教育学生、在线学习、企业培训等学习对象发放调查问卷，用管理学的统计方法，实证分析学习绩效的影响因素。郑勤华等(2013)使用教育生产函数方法来研究远程学习者学习绩效的影响因素，发现学习者个体因素对远程学习者学习成绩的影响最大，其次为家庭社会环境。

随着社交网络技术的发展，学习不再是一个人的活动，而是由学习者和助学者共同构成的一个交互的、协作的学习团体。学习是资源共享和不断交流的过程，是群体动力协同作用的结果，因此，越来越多的学者从组织学习、群体动力学视角研究学习绩效影响因素。Agudo-Peregrina 等(2014)用数字化学习分析技术和统计分析方法，对比分析马德里理工大学和萨拉曼卡大学运行在 Moodle 平台上 8 门课程的学生学习行为数据，结果显示，不同课程的学生在虚拟学习社区中互动行为具有相似的趋势，互动对虚拟学习社区学生的学业表现有影响。卢吾和叶伟巍(2017)基于技术接受模型，借助主成分分析、相关分析、差距分析工具，以浙江大学城市学院(ZUCC)国际合作教育项目学生为实证调研对象，发现学生英语条件、课堂规模及互动显著影响学习绩效。昂娟和俞欣(2017)对 MOOC 平台属性和学习绩效进行相关性分析，结果表明，界面友好、评价多元、社交互动和服务智能等 MOOC 平台属性与学习绩效有着不同程度的相关性。李慧(2014)分析大学生混合协作学习绩效，对调查问卷的结果进行回归分析发现，个体协作能力、知识水平以及团队凝聚力与协作学习绩效存在明显的因果关系。以上研究结果表明，学习绩效不仅受到个人特征因素的影响，还受到学习任务、学习交互、平台服务等外部环境的影响。

国内外一些学者对网络学习社区结构特征非常关注，认为这是影响学习绩效的重要环境因素。王陆(2009)以首都师范大学虚拟学习社区中的两门在线课程作为研究对象，研究得出学习者的中心性对学习者的平时成绩影响最大。学习者的中心性对信息分享层知识建构影响最大。学习者声望对深化认识层知识建构影响最大。学习者的声望与中心性对意义协商层知识建构的影响最大。张华等(2009)通过计算机仿真实验发现，高密度的任务咨询网络与完全模仿策略的学习行为，短期内会给组织带来较高绩效，但会导致群体知识迅速的同质化，不利于长期绩效的提高；低密度的任务咨询网络与选择性模仿策略的学习行为，短期内组织绩效较低，但有利于群体异质知识的保持，有利于组织长期绩效的提高。曾进群(2003)以微软 codeplex 开源社区为对象，利用数据挖掘技术，通过数据包络分析(DEA)绩效评价，发现开源社区项目参与人越多，绩效越高。邓建高等(2017)研究发现，大学生社交网络对大学生创新能力培养绩效具有明显间接正向影响效应，双元学习在大学生社交网络与创新能力培养绩效之间具有中介调节作用。以上研究结果表明，学习社区中人与人互动中所形成的人际网络关系对学习绩效有积极影响，社交网络的外部连接性、开放性对丰富社区人际网络有积极影响。因此，研究用户学习机制，不能忽视人际互动对用户学习的影响。

三、学习绩效影响因素的研究述评

综上所述，网络学习绩效的影响因素受到越来越多的学者重视，产生了很多研究成果，这些研究具有以下特征：

(1)研究方法多样化。有些学者基于文献分析和教学实践，提出了学习绩效的提升方法，丰富了学习绩效的理论研究；有些学者选择定量研究方法和推断统计的数据分析方法，发现若干学习绩效的影响因素，夯实了学习绩效的理论基础；有些学者采用实验对照的方法，研究若干因素对学习绩效的影响，推动了学习绩效的应用实践；有些学者用社会网络分析方法，研究社会互动对学习绩效的影响，丰富了学习绩效的实证研究。

(2)研究范围广泛，但研究不够深入。研究对象选取广泛，有以中小学生为研究对象的，有以在线学生为研究对象的，但大部分是以大学生为研究对象的；研究结论差异比较大，比较一致的显著影响绩效的因素是能力水平、用户态度等。

(3)研究情景较为集中，虚拟学习社区情境下的研究较少。学习绩效的研究主要基于课堂教学、网络课程和教育平台等情境，虚拟学习社区综合了在线学习平台和社交平台的特性，因此，需要关注新技术发展下的虚拟学习社区用户绩效的研究。

(4)研究视角单一，缺乏系统动态的研究视角。有的学者从学习者特征角度分析学习绩效的影响因素，有的学者从心理动机角度研究影响学习绩效的各个因素，有的学者从社会认知视角研究学习绩效激励机制，有的学者从社交网络结构特征角度研究学习绩效的影响因素。影响学习绩效的因素很多，小到学习者特征，大到学习环境都与学习者的学习绩效有一定相关性，现有研究多是假设某一些因素不变的前提下，分析其他因素与学习绩效的关系，但实际上，学习是个动态过程，学习绩效是学习者基于学习环境不断调整自身状态、持续学习的结果。

因此，本书考虑引入持续学习行为这一变量，研究学习绩效形成机理，关注如何通过促进学习者持续学习行为，提高学习者学习绩效，从动态视角研究学习绩效的影响因素。

四、持续学习行为与学习绩效的关系

早在 1938 年，教育学家杜威指出，学习是一个设计、获取、反思和修正行动的过程。罗宾斯强调该定义的 4 个方面：第一，学习关注的是行为；第二，学习关注的是变化，可能是积极的变化，也可能是消极的变化；第三，行为的变化应该是相对持久的；第四，学习必须包含某类经验，可以是间接经验，也可以是直接经验。因此，学习是一个导致结果和变化的过程，而结果中既包含认知成分的改变，也包含行为模式的改变。因此，分析学习持续性变化的过程与学习结果之间的关系是研究用户学习绩效的一个重点研究问题。

有的学者基于团队学习情景，研究个体学习行为与团体或个人学习绩效的关系。如唐宁玉(2008)通过多视角、多层次对虚拟学习团队学习，基于团队系统理论和社会认知理论研究虚拟团队的学习绩效，提出虚拟团队学习的 I-P-O 模型和社会认知因素影响模型。研究结果表明，虚拟团队学习过程和学习行为、社会认知因素显著影响团队学习绩效。陈国权(2008)采用来自企业的 244 个样本数据进行统计分析，研究企业复杂变化环境下个人的持续学习能力对绩效的影响。实证结果表明，个人学习能力与个人任务绩效和情景绩效之间均具有显著的正相关关系。

有的学者基于教育情境，研究个体学习行为对学习绩效的影响。学生参与是学习发生的必要条件，学生参与情况对在线学习有着重要影响。Wefald 和 Downey(2009)研究发现，学生参与程度与学习绩效呈显著的正相关。在线学习的实质是学生认知水平不断发展的过程，学生要想获得学习成效，就需要积极主动地参与到学习中。Kotturi 等(2015)对 6 所小学和 3 所中学的教师开展实证研究，提出并验证了教师支持行为、学习者参与度与学习绩效之间的关系(图 2-4)。

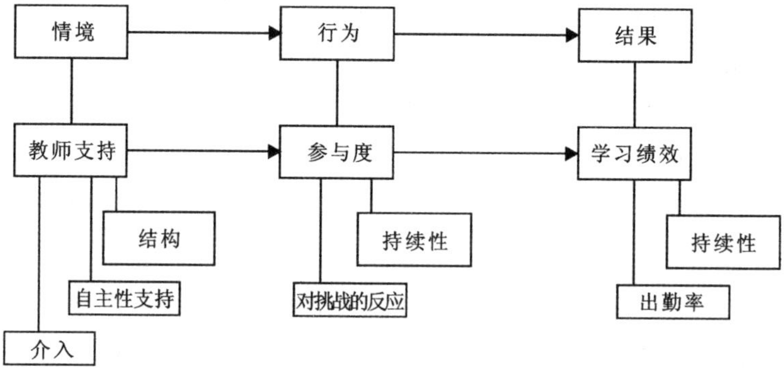

图 2-4　教师支持、学习者参与度与学习绩效理论框架图

资料来源：Klem 和 Connell(2004)。

综上所述，已有学者从理论和实证两方面论证了持续学习行为或学习行为能有效提升用户学习绩效。该结论在虚拟学习社区情境下是否仍旧成立，本书将作探索研究。

第五节　相关理论及其启示

一、可供性理论及其启示

“可供性”是美国著名生态心理学家 Gibson(1979)开创的心理学概念，他倡导知觉和生态学方法的融合，在《视知觉的生态进路》中，从生态的角度分析理解生物视听觉的形成。他指出，视听觉是从环境“表面”的光阵列直接获得信息，动作和视听觉联系在一起。因此可供性蕴含着生物与环境之间的协调性和互动性，预示了生物知觉物质环境为行为提供的可能性，深刻诠释了生物与环境关系的生态学理解，这种关系包括相互关联属性、互惠关系和互补性。

Reed(1996)为生态心理学的发展注入了新的养分，将 Gibson 的知觉和生态学与达尔文的选择论和神经进化学整合，跨越了 Gibson 的二分法，指出可供性是所有生物环境的特征，且独立于特定生物而存在。当生物感知和利用可供性时，可供性不仅是生物与环境的一种互惠关系，还可通过调节行为获取有价值的资源。Reed 将可供性的生态整体观扩展到语言、文化、社会互动等人类社会领域，发展了认知、语言和思维的生态观点。

Gibson 从生态学的视角解释信息，认为信息是环境的特殊模式，是一种非有机体。生态信息对于使用者而言，是通过信息诱发使用者与环境互动，调节行为，认识自身的角色，通过选择、修正和改变环境来满足自身需求的一个过程。Reed 从社会认知领域扩展了 Gibson 的思想，他认为认知不仅仅是个体抽象化的心理过程，也是一种具体和集体化的认知过程，需要将思维整合到环境和集体活动中，通过集体努力，自身不断适应、选择和纠正生态信息，在个体与环境、个体与他人、个体与社会文化的互动中，使自身得到进化。

可供性理论从微观的心理机制上解决了人与环境的生态一体性，从知觉层面构建人与环境的具身互动关系。这里的环境不仅包括自然界，也包括人工界。可供性理论在分析人与人工环境的相互作用时，也需要将人的主体性价值融入其中。后来的学者将可供性理论发展到技术人工物的设计领域，基于该理论来探讨人与技术人工物的积极交互关系。Norman（1999）、Turner 和 Turner（2002）将可供性概念引入人机交互（human-computer interaction，HCI）领域的环境设计，从可用性、具体化和目的性 3 个方面拓展了可用性概念的内涵与外延。我国学者潘忠党和刘于思在 2017 年的一次学术访谈中首次将可供性理论引入国内的新闻传播学界，并提出了信息生产的可供性、社交可供性、移动可供性 3 个层面的可供性理论框架。景义新和沈静（2019）详细阐述了该框架的各个要素。

可供性理论对于信息系统领域，尤其是虚拟学习社区这个研究主题而言，是一个极具学术潜力的新概念。可供性理论来源于生态心理学，旨在探讨人（生物）与技术人工物（环境）的积极交互关系。可供性理论奠定了系统整体感知交互性的基础，可供性指向两个方向，既指向环境，又指向人，可供性不仅承载了人与环境互动的信息，还蕴含了行为，这种协调关系体现了人与环境演化的关系结果。本书将可供性理论作为分析用户使用虚拟学习社区中的“人—环境”关系的逻辑起点。同时，将可供性理论的哲学思辨融入已有的成熟理论模型，从人和环境的关系出发，以更全面、更生态的视角，在量表层面丰富和发展了模型中关键因素的界定与测量。

二、Bagozzi 的自我调节框架理论及其启示

Bagozzi(1992)超越理性行为理论(theory of reasoned action,TRA)、计划行为理论(theory of planned behavior,TPB)、尝试理论(the theory of trying),提出了态度、意图和行为的自我调节框架。Bagozzi 的框架与基于 TRA/TPB 的模型不同,它解释态度如何导致意图。Bagozzi 提出,个体通过评估事件目标的结果激发个体的情感反应,这个情感反应可能是正面积极的,也可能是负面消极的,基于这个情感反应,个体采取不同的应对反应,可能是持续努力的意愿和行为,也可能是逃避或放弃的意愿和行为(图 2-5)。

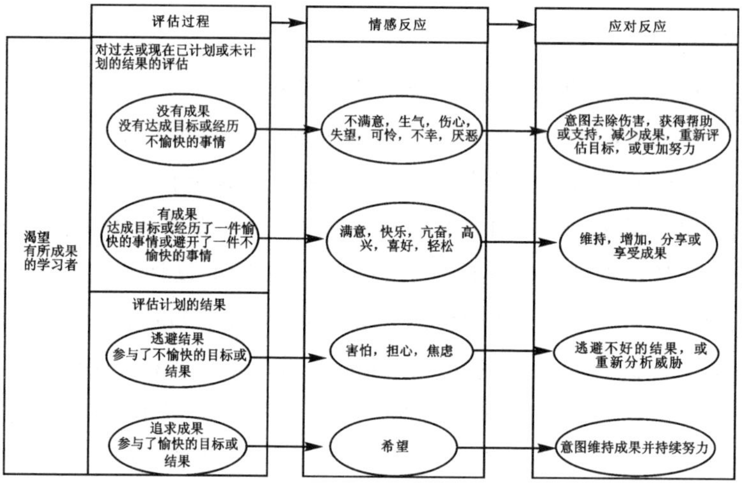

图 2-5 意图的规范性自我调节

资料来源:笔者根据 Bagozzi 的框架翻译并整理。

Bagozzi 的框架试图理解评估过程、情感反应和应对反应之间的相互关系。它假定态度产生欲望,然后导致个体的行为意愿。具体来说,一个人首先要对过去或现在的计划内或计划外的情况进行评估,评估它在使用中的体验,是否实现了预期目标或经历了愉快的事情或避免了不愉快的事情。评估过程会导致一个人的情感反应,可能是满足、喜悦、兴高采烈、愉悦、爱、解脱等积极的情感,也可能是不满意、生气、失望、悲伤、同情、苦恼、厌恶等消极的情感。最终,会基于情感反应形成一个人的意愿。针对消极的情感反应,一个人会试图消除伤害,获得帮助或支持,或降低结果,重新评估目标,必要时加倍努力;针对积极的情感反应,一个人会保持、继续行为的意愿。因此,这个过程包括 3 个主要步骤:评估过程、情感反应和应对反应。Bagozzi 框架的主旨在于强调认知和情感自我调节机

制的作用。

部分学者基于 Bagozzi 的框架来研究用户持续使用信息系统的因素和过程。Polites 等(2012)应用 Bagozzi 的自我调节框架理论,探讨网站满意度和网站黏性的关系,通过调研某大型连锁酒店网站 4838 名消费者预订房间的问卷数据,识别网站黏性的重要预测因素。Lin 等(2014)以 Bagozzi 的自我调节框架为理论基础,遵循评估过程、情感反应、应对反应的个体调节过程,实证研究 Facebook 用户的持续使用意愿,发现评价因素(快乐、意识、连通性和系统质量)是决定情感反应(用户满意度)的关键因素,用户满意度对持续意愿产生积极影响。Liu 等(2019)将计划行为理论与 Bagozzi 的自我调节相结合,研究社交网络和微博用户的持续性行为模型框架。Heng 等(2020)基于 Bagozzi 的自我调节框架理论,分析学习自我效能感、满意度和平台忠诚度的关系,以 952 名泰勒大学的学生在线调查数据为基础做实证分析,研究发现 Bagozzi 的自我调节框架理论能解释用户 MOOC 平台忠诚度的形成机理。

笔者认为,学习不是一劳永逸、一蹴而就的,是在持续的努力中不断精进的过程。学习是学习者在每一次的交互体验中根据预期评估学习目标达成度,在交互式学习体验中产生积极情感,在积极情感的正向激励下,产生持续学习意愿,然后评估下一次行为反应的循环发展过程。Bagozzi 的自我调节框架为本书分析用户的持续性学习的形成机理提供了很好的理论分析框架。用户访问社区网站的目的是获取知识或完成一个学习任务,如果在使用中感觉到失望、挫败或者不满,没有达到使用前的预期,在使用中没有良好的交互体验,用户未来可能将不再使用该网站,或使用其他网站,随后将基于这一情感反应,形成意愿和行为来应对这一结果,以改变或避免未来的负面后果。学习者如果在使用中的交互体验是畅快的,达成了初始的目标,将会产生期望确认的正面积极评价体验,个人将得到积极的情感满足,并形成旨在保持或增加这些积极体验的意愿,继续在社区学习。图 2-6 形象化地描述了这个过程,在使用虚拟学习社区时,良好的评估过程会引发积极的情感反应,进而产生延续学习意愿。

本书将基于 Bagozzi 的自我调节框架,分析选取虚拟学习社区中能表征用户过程评估、情感反应、应对反应的关键变量,研究用户持续使用意愿。

三、信息系统持续使用理论及其启示

由 Oliver(1980)提出的期望确认理论(expectation confirmation theory,ECT)认为,消费者购买后的满意度受到购买前期望和购买后的感知效果的影响,满意度

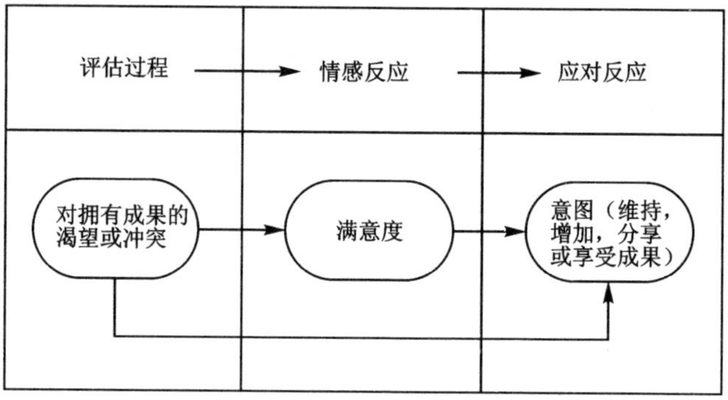

图 2-6　Bagozzi 的自我调节框架节选

是用户是否再次购买的依据。ECT 最初被用来解释消费者满意度和回购意愿，后被广泛地应用于社会学、社会心理学和公共政策等领域的用户满意度研究。Bhattacherjee(2001)在研究在线银行用户持续使用意愿时，将 ECT 中的购前期望和购后感知效果两变量整合为感知有用性变量，提出信息系统持续使用模型 ECM-ISC。该模型识别出影响信息系统用户满意度的两个关键因素：期望确认和感知有用性，并验证了影响用户持续使用意愿的作用路径。ECM-ISC 一提出，就得到了广泛应用，被应用于知识管理系统、移动学习、在线社区、微信、社交网站等平台的用户满意度和持续使用意愿研究。刘勍勍等(2012)结合老年人身体机能、认知能力和社会心理 3 个角度，借鉴 ECM-ISC 模型，研究老年人互联网应用的持续使用问题。代宝(2017)从心理学视角，在 ECM-ISC 模型中整合社会临场感，研究微信用户持续使用意愿。研究者根据不同研究情境，引入新的研究变量，验证了该模型对信息系统持续使用意愿研究的有效性，也发现并验证满意度是信息系统持续使用意愿的重要预测变量。

Web3.0 技术发展诞生了很多以交互式信息服务为代表的信息系统产品，如在线视频游戏、在线拍卖、即时消息传递软件和社交软件。这些交互式信息技术是电子商务产品和服务业务增长的核心，交互式信息技术的发展表现出比传统的非交互式信息技术如办公自动化软件更强劲的发展势头。这些软件的流行和广泛普及也反映了人们使用信息系统内部动机的转变，从早期的关注支持工作效率提升、解决工作问题的有用性，逐步发展为关注信息的及时性、快速响应和社会支持等交互式体验。这些交互式体验可能会影响用户使用信息系统的意愿，未来对信息技术使用的研究也需要关注用户丰富多样的交互动机及交互体验对用户使用意愿的影响。如 Lin 和 Bhattacherjee(2008)以经济学的网络外部性为理论基础，调查中国台湾大学生即时通信软件使用情况，分析交互式软件的网络效应对用户使用意愿的影响，研究发现感知享受对其使用意愿有显著影响，而感知到的有用性对其使用意愿没有显著影响。之所以会出现这种现象，可能是因为研究对象并没有将即时通信视为一种提高工作效率的工具，而是将其视为一种获得乐趣的工具。Teoa 等(2003)研究发现感知交互性显著正向影响用户使用商业网站的满意度。钱瑛(2015)以期望确认理论为基础，研究发现感知交互性显著正向影响用户满意度；赵玲(2011)研究发现，用户使用微博的感知交互性部分显著正向影响用户满意度，其中感知控制、感知乐趣和感知连接性显著正向影响用户满意度，感知响应性对用户满意度没有显著正向作用。感知交互性能够帮助用户间建立及时性的支持氛围，但对于热衷发布信息的人而言，回应并不会影响他们的满意度。以上研究表明，随着新技术的发展，信息系统持续使用意愿模型中的满意度对持续使用意愿的影响在不同的研究情境中都得到了证实，但是满意度的前置变量感知有用性，在以交互式体验为代表的信息系统中的研究结果并不相同。因此，随着信息技术的发展，如何表征用户使用信息系统的内部动机和体验，需要学者深入研究。

虚拟学习社区不仅为学习者和知识传播者提供网络信息服务，同时也为个体和学习共同体提供知识社交服务。因此，基于以上分析，本书将借鉴 ECM-ISC 模型，在分析虚拟学习社区技术特征的基础上，探索感知交互性、用户期望确认等变量对用户满意度的影响，分析影响用户持续学习的关键因素及其作用路径。

四、心流体验及其启示

心流概念最早是由心理学家 Csikszentmihali(1975)提出的。他将心流体验(flow experience)定义为“个人完全投入活动时感受到的整体感觉”。在该状态中，人们完全被事情吸引，心情愉快，没有时间感。心流体验也称最佳体验(optional experience)或沉浸理论。Hoffman 和 Novak(1996)将心流体验的概念从心理学领域引入网络营销领域的研究中，并提出“超媒体计算机媒介环境下的网络巡航过程模型”，发现网站的成功依赖于是否在计算机媒介环境中为消费者创造积极的心流体验。此后，心流体验被广泛应用于网上银行、网络游戏、移动通信、在线学习等情境的用户态度或行为研究。

学者们研究发现心流体验是一种愉快而有益的体验。Lee(2010)将用户在线学习的心流体验视为学习者学习的内在动机，从感受到的享受、知觉的控制和专注 3 个层面定义心流体验。分析 363 名用户在线学习的问卷调查数据，结果表明，心流体验显著正向影响用户的持续学习意愿。Guo 等(2016)采用知觉享受、注意焦点、知觉互动性来衡量心流体验，研究 336 名政府微博用户的调查结果发现，政府微博用户的心流体验显著正向影响其持续使用意愿。Chang 和 Zhu (2012)采用 Lee 关于心流体验的测量量表，分析 488 名中国社交网站用户问卷数据，实证结果表明，心流体验显著正向影响用户满意度，但对用户持续使用意愿没有显著正向影响。心流体验在不同的研究情境下，学者们对心流体验和持续使用意愿的作用效应的研究结果不尽相同。在虚拟学习社区环境下，心流体验有哪些积极作用还有待实证研究。

虚拟学习社区实质是融合了在线学习、知识管理、社交服务的综合信息管理系统，虚拟学习社区中的学习个体与环境是一种双向的共生性关系，生态化的学习活动需要融入情境化的环境设计，让个体在与环境的交互学习中，沉浸其中，心无旁骛。心流体验在虚拟学习社区中是否能对用户的持续使用意愿产生积极影响，在本书第五章将做探索性研究。

五、绩效函数及其启示

Einhorn 和 Hogarth 以及 Libby 提出了绩效函数：绩效＝f(知识，能力，激励，环境)(于凌云，谢艳梅，2006)。该函数表明一个人的学习绩效能反映其自身的各项素质，它是个人素质与环境共同作用的结果。可以将这个函数应用于虚拟学习社区绩效，用 P 表示虚拟学习社区学习绩效，则 $P=K*A*S*E$($*$表乘积关系)。其中，P(performance)代表绩效，K(knowledge)代表知识，A(ability)代表学习者的能力，S(strategy)代表学习策略，E(environment)代表学习环境。

基于绩效函数，本书将在第六章研究在线学习能力、持续行为和学习绩效三者之间的作用关系。

六、社会认知理论及其启示

社会认知理论(social cognition theory，SCT)认为，人的行为受到个人因素及环境因素的共同影响，否定了以往理论中只注重单方面影响的作用，强调个体、环境和行为三者之间的交互影响关系(Bandura，1986)。三元交互模型是社会认知理论的核心。一方面，人的个体因素如信念、动机等支配并引导其行为，行为及其结果反过来又影响并最终决定个体的认知及情感反应；另一方面，个体可以通过自己的性格、社会角色等个体特征激发对环境的不同反应，达到不同的行为结果；再者，行为作为人与环境之间的中介，不仅受人的需求支配，同时也受环境条件的制约(图 2-7)。

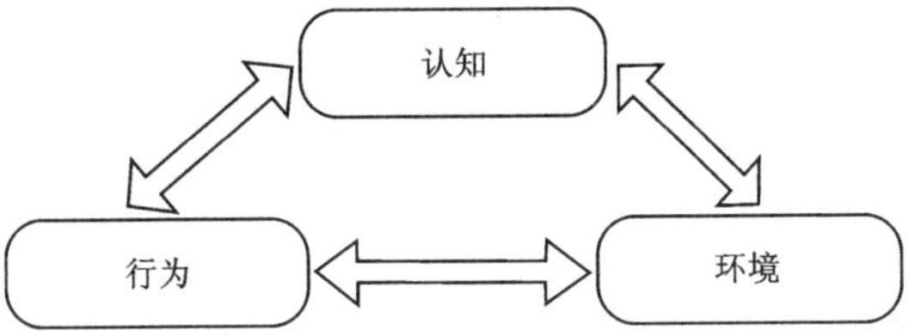

图 2-7　社会认知理论的三元交互模型

近年来，不少学者基于社会认知理论研究博客、虚拟社区等信息系统用户的使用态度及行为规律。金帅岐等(2020)基于 SCT 理论中的三元交互模型，构建以健康信息搜寻行为、个体因素和环境因素为基础的用户信息搜索行为影响因素模型。周涛和王超(2016)基于 SCT 理论，从认知因素和环境因素两方面研究知识型社区用户持续使用行为。Ifinedo(2018)基于 SCT 理论，研究了个体因素、技术环境因素和社会因素对大学生使用博客满意度及持续使用意愿的影响。Zhou(2018)基于 SCT 理论，探讨个人认知与环境因素对在线知识社区用户持续使用意愿的影响。赵呈领等(2016)基于 SCT 理论，从自我效能、结果期望和评价顾忌 3 个方面调查网络学习空间中学生个体与知识共享行为的相互影响关系。以上研究均发现，自我效能感这一个体认知因素对环境体验及用户行为有积极影响。

刘丽(2018)详细论述了社区归属感是社区心理学的重要组成部分。社区心理学关注社会和文化等因素对个体心理的影响。用生态系统的观点描述社会情境与人的相互影响是社区心理学的核心，生态主义是社区心理学的核心价值。通过学习共同体与社区环境的和谐发展、共荣共生来体现生态价值。社区归属感是社区成员内部及其与团体之间通过彼此的共同信念而形成的情感联系，从而产生对社区的归属感，是个体对社会环境的情绪感知，是社区组织氛围的体现。诸多学者通过实证研究验证了虚拟学习社区环境下，社区归属感对用户态度及行为的积极影响(赵宇翔，刘周颖，2018；詹姆斯等，2010；Yilmaz，2016)。

社会认知理论的研究主要是受到认知心理学中的信息加工理论的影响，它重视社会认知过程的重要性，关注人在面临环境刺激时经过的若干信息加工阶段，并对每个阶段的不同反应做出研究。Crick 等(1995)将儿童社会交往中的信息加工模式分为 5 个阶段：第一个阶段是编码，个体充分地注意和感知社会性信息，并选取有意义的信息；第二个阶段是解释，个体将获得的信息与已有的知识经验比较，解释该信息的意义；第三个阶段是搜寻反应，个体根据对刺激意义的理解，从产生的一系列反应中选择合适的行为反应；第四个阶段是反应评估，个体对形成的行为反应进行比较评价，预测各种反应的效果，决定采取何种行为反应；第五个阶段是执行反应，个体根据反应评估结果执行所选择的行动，做出真正的行为反应。

借鉴社会认知理论的信息加工过程研究成果和学者基于 SCT 的实践研究成果，结合第一章第二节关于虚拟学习社区用户学习过程的分析，本书将用户的学习过程分为“人—环境”的交互感知、“环境—人”的行为反应以及“行为—人”的绩效提升 3 个阶段(图 2-8)，给出基于 SCT 理论的虚拟学习社区用户学习机制研究框图，将虚拟学习社区用户学习机制研究转化为以下 3 个关键研究问题。

首先，基于可供性理论的启示，将虚拟学习社区用户“人—环境”的交互关系作为本书的逻辑起点，以用户交互式体验为主题，分析影响人与环境交互感知的关键因素和作用路径，这一阶段重点关注用户对环境的交互感知的形成过程；其次，分析“环境—人”的态度与行为作用关系和感知交互性对用户持续使用意愿的影响，重点关注用户持续性使用意愿的关键影响因素和相互作用关系；最后，分析“行为—人”的作用关系，重点关注用户持续使用意愿和行为对用户学习绩效的影响，关注个体、环境和持续性行为对行为结果产生的影响。

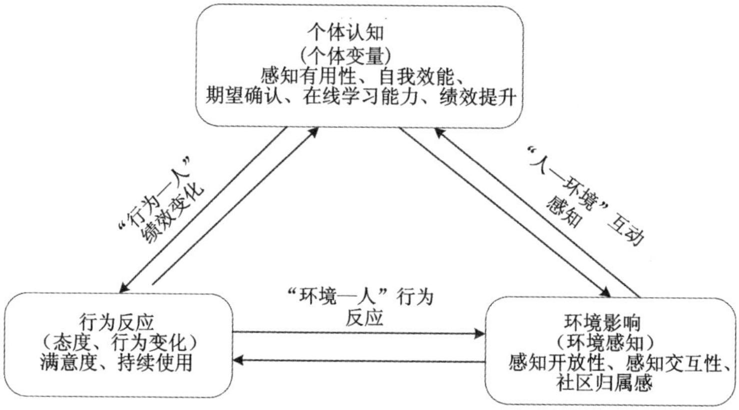

图 2-8 基于 SCT 理论的用户学习机制研究框图

第六节 本章小结

本章采用文献分析与内容分析两种方法，系统梳理与虚拟学习社区用户学习机制相关的文献及理论基础，进一步明确了本书的重点研究问题、研究思路和研究方法。主要做了以下工作：

第一，用文献计量分析方法，绘制虚拟学习社区研究的知识图谱，归纳出该领域的研究热点，指出未来研究需关注的方向。通过分析其他情境下的个体学习机制研究成果和学习型组织的学习机制研究成果，为本书提供了从学习发生、发展过程分析用户学习机制的研究启示。

第二，用文献分析与内容分析相结合的方法，从用户交互模型的概念、用户交互影响因素以及用户交互体验3个方面详细分析用户学习交互的研究进展。分析发现，交互是用户为达成目标，与系统环境发生作用关系的一个过程；情感交互是用户学习交互行为的催化剂；和谐的交互式学习体验是用户在线学习的切入点，最后指出交互式学习机制研究的现实意义。

第三，借助各类文献数据库，进行文献检索和内容分析，系统梳理目前国内外与虚拟学习社区以及各类信息系统的用户持续使用意愿和行为研究相关的文献。发现关于虚拟学习社区的用户持续使用意愿的文献并不多，因此借鉴教育学、社会学、心理学、管理学等学科视角下各类信息系统持续使用的相关研究成果，从研究思路、理论基础、相关研究变量以及研究结论等方面展开述评，发现虚拟学习社区技术发展会带来用户使用预期的变化，识别出感知交互性和满意度这两个重要变量，为本书探索虚拟学习社区用户持续性学习机制指出研究方向。

第四，在对虚拟学习社区用户学习绩效和网络学习绩效文献综述的基础上，发现已有文献缺少虚拟学习社区情境下，持续学习行为与学习绩效的作用关系研究，指出研究用户学习绩效需要重点分析用户持续性使用的过程与学习结果之间的关系。

第五，基于前四节的文献分析结果和进一步明确的研究内容，详细阐述了可供性理论、社会认知理论、Bagozzi的自我调节框架理论、信息系统持续使用理论、心流体验和绩效函数等理论及对本书的研究启示，最后给出虚拟学习社区用户学习机制研究框图，将用户的学习过程分为“人—环境”的交互感知、“环境—人”的行为反应以及“行为—人”的绩效提升3个阶段，将虚拟学习社区用户学习机制研究转化为3个关键研究问题。

第三章　虚拟学习社区用户学习机制的理论分析

基于上一章系统分析虚拟学习社区学习机制、交互式学习体验、用户持续使用意愿以及用户学习绩效的文献分析，提出基于SCT理论的用户学习机制研究框图，这为本章进一步深入研究、给出虚拟学习社区学习机制的理论分析框架奠定了基础。本章在深入分析虚拟学习社区生态系统的要素、要素之间的关系以及系统功能的基础上，构建用户学习机制的层次塔分析模型，最后，给出本书的研究框架。

在《不列颠百科全书》中，生态系统的定义是“在特定空间内，生命有机体与生存的环境以及它们之间的相互作用关系的复合体”，生态系统不仅包含系统中的生物与非生物，还包括物质间的相互作用关系，它们构成了一个相互依存，与环境协同进化的自组织、自调节的动态平衡的开放系统。本书将虚拟学习社区中用户和环境构成的整体视为生态系统，它既是一种实体的存在，也是一种关系实体的存在。用生态学理论可将宏观层次上的系统要素与微观层次上的个体联结起来。本书借鉴Visser(1999)的生态学习观和Gibson(1979)的生态心理学中可供性理论，从要素、关系、功能3个方面深入分析虚拟学习社区生态系统的结构，为系统研究用户学习机制奠定了理论基础。

第一节　虚拟学习社区生态系统的要素分析

一、虚拟学习社区生态系统的主体要素分析

虚拟学习社区的主体要素是指社区中的学习者、教学服务的提供者、平台的技术开发者以及平台运维服务者。虚拟学习社区是一种非正式的自组织学习平台。用户的使用目标是获取知识。知识是经验、价值、信息和技能等的组合。本书重点关注平台中的学习者，即用户。用户是学习活动的参与者，也是学习活动的发起者；既是知识的需求者，也是知识的生产者，还是知识的消费者和传播者，是促进和协调生态系统中知识资源流转、交互、增值的核心要素。用户通过知识交流过程，完成了自我和环境的协同发展。根据用户知识贡献的不同，本书将个体用户分为普通用户和头部用户；将学习群体根据进化所处的层次不同，分为学习共同体和学习群落。

1. 普通用户

普通用户是社区中的大多数人，对比头部用户，他们对社区活动的参与度较低，影响力较小。他们乐于按照自己的步调自主学习，愿意做知识的浏览者、收藏者、点赞者和分享者，偶尔参与感兴趣的主题讨论，交流思想，做知识的提问者、回答者、评论者。尽管他们自身的知识传播范围小，是社区人际网络中的普通节点，但是因其数量庞大，加上少量头部用户，也能构筑出高密度的知识传播网络，扩大社区知识的传播力与影响力。

2. 头部用户

头部用户是指那些能产生或贡献平台知识价值曲线中前20%优质内容的用户。头部用户有广泛的影响力和突出的知识生产力，乐于贡献自己的思想、观点和知识，乐于发起活动，乐于帮助他人，通过长期的积累，逐渐在用户群体中形成威信，成为社区人际网络中的关键节点。头部用户一般在某个知识领域有扎实的基础或独到的见解，能得到大家的普遍认可。在社区中，头部用户是动态发展的，他们会随着用户的知识贡献力和影响力而动态变化。

3. 学习共同体

虚拟学习社区中那些有着相同学习目标的用户，通过主题交流而形成了新的人际连接，在学习互动中，增进了情感，最终构成了学习共同体。学习共同体是比较松散的学习型组织，它会随着用户学习目标的达成或用户个体与群体交流的冲突而解散，也会随着用户的共同成长，而增进彼此的信任与归属感，成为紧密的人际关系网络，这类学习共同体的生命周期较长。

4. 学习群落

虚拟学习社区中多样化的学习共同体形成的具有共同社区文化心理的、生态式的社会关系共同体，本书称之为学习群落，它由多个学习共同体组成。

二、虚拟学习社区生态系统的客体要素分析

虚拟学习社区生态系统中的客体是指能被主体操作的对象，他们可能是平台中已经存在的实体，也可能是主体在使用过程中生成的实体或实体之间的相互关系。信息是客体的主要表现形式，是承载客体信息的资源形态。本书重点关注对主体有使用发展价值的信息，统称为知识。知识分为知识点、知识点集、个体知识库、人际网络和知识产品等多种形式。

（一）信息

虚拟学习社区中的客体要素是指用户在平台中使用的信息内容，包括用户

生成的内容、平台发布的内容，以及用户引用、转载等内容。在表现形式上，可能是文字形式，也可能是视频、音频、图片、链接等形式。在以学习社交为目的的虚拟学习社区研究中，本书需要重点关注有价值的信息，关注那些能促进用户成长和社区发展的由用户产生的信息以及用户在社区交互过程中沉淀的社会关系。

（二）知识

知识按照产生的来源以及归属的不同，可以分为个体知识与群体知识；按照编码呈现状态的不同，可以分为隐性知识和显性知识；按照认知负载大小的不同，可以分为知识点、知识点集。

1. 知识点

在社区中由用户或平台发布或编辑的有价值的信息，本书称之为知识点。知识点可能是一条信息记录，一种媒体信息，也可能由多条信息记录组成，多种媒体信息构成。每个知识点对用户的知识价值不同，同一知识点可以被不同的用户记录在自己的知识库中，也可以隶属于不同的学习共同体或学习群落的公共知识库中。知识点的属性可以由用户通过添加标签的形式编辑标注后存入个体知识库，也可以根据自身的认知发展需要，修改个体知识库的信息，删除过时的或无用的知识，完成知识的更新与淘汰，还可通过点赞或转发的形式，向他人点评或推荐知识，促进知识的分享与传播。用户通过编辑知识点的属性，完成用户与知识点的交互，增加用户与知识点的连接，逐步形成个体的知识网络。

2. 知识点集

本书借鉴张永云等（2017）关于知识创新行为的研究成果，将知识主体所拥有的知识集合称为知识点集。虚拟学习社区知识点集的宽度和广度随着学习群落的多样性有很大程度的扩展，不再局限于特定学习共同体的知识点集，学习群落的知识点集是社区知识创新的源泉。知识点集以主题知识库的形式存储。

3. 个体知识库

个体知识库是个体所拥有的非结构化知识点和知识点集组成的结构化的集合体，它包含知识本体和知识之间的关系（认知网络）。它是虚拟学习社区为用户提供个性化知识服务的资源基础。

4. 知识产品

知识产品是知识主体的工作成果，也是用户、学习共同体以及学习群落在学习过程中，在知识生命周期中诞生的有价值的知识输出成果。知识产品常用文字和多媒体或知识库的形式保存、分享、传播，以实现知识的增值。虚拟学习社区中知识产品的使用不再局限在社区内部，它通过能独立分享与交流的产品形式扩大了知识的组织、存储和分享范围，也扩大了社区的影响力。比如，中国大学 MOOC 的课程、知乎 Live、“得到锦囊”等。知识产品能完成有价值的知识的系统输出，同时也能激励用户产生更高质量的知识产品，丰富社区知识点集，最终促进社区平台的可持续发展。

5. 人际网络

在虚拟学习社区中，用户、知识、知识点集和个体知识库之间，通过以知识网络、社交网络和协作网络构筑起连接关系，这样形成的连接关系，本书称之为人际网络，它构成了社区的人际交流基础。它不仅是用户与用户之间的交流通道，还是用户和知识点之间的交互通道。用户可以通过添加、删除、关注操作，来更新自己的人际网络，从而更新自己的知识推荐通道。

三、虚拟学习社区生态系统的环境要素分析

虚拟学习社区是由具有共同兴趣和学习目的人们组成的学习共同体在互联网上构建的虚拟学习环境。虚拟学习社区生态系统的主体利用多种网络通信工具，通过互动讨论、协作学习等多种学习方式，共享彼此的观点、资源和学习经验。在学习的同时提高自身学习能力，进一步丰富虚拟学习社区环境。本书主要从“硬环境”和“软环境”两方面分析环境要素。

1.“硬环境”建设

随着信息网络技术的发展和移动互联网设备的出现，用户服务环境逐步发展完善，一方面，移动 APP 广泛应用，移动虚拟社区凭借方便性与快捷性等优势为用户交互协作和共享知识提供了时时、处处的服务平台；另一方面，云计算、大数据、人工智能、5G 网络技术的发展，为用户提供了多种场景的个性化沉浸式泛在学习（U-Learning，又称无缝学习、普适学习）环境。用户在便捷开放的学习环境中，通过与系统中其他主体和客体的交互，完成知识的接收、内化、反馈、输出与转化，在学习的过程中不断构筑并完善自己的认知网络和人际网络。因此，友好的学习界面、个性化的知识服务和智能化的推送服务，是构筑个体交互学习的服务环境基础。一方面，个体在交互体验学习中不断丰富完善个体知识库和知识点集，不断丰富“硬环境”中的客体要素；另一方面，丰富的客体要素会吸引越来越多的主体参与环境建设，日益丰富的客体要素会反哺主体的发展，最终形成和谐发展，共荣共生的主体、客体发展“硬环境”。在和谐生态的环境下，主体与平台的黏性不断加强，不断促进主体的持续学习与发展。

2.“软环境”建设

在培育用户与环境的良性发展中,“软环境”的建设必不可少。虚拟社区之所以能将学习者培养成稳定的、忠实的用户,其最大原因就是由社区归属感及自我价值实现组成的社区文化的存在。增强社区凝聚力与用户社区归属感对提高学习者积极性(卢潇,胡凡刚,2017),形成活跃的学习共同体至关重要,必须重视社区“软环境”建设、促进用户的思维转变和虚拟学习社区的归属感。社区归属感是维系学习共同体的情感纽带(高长俊,胡世清,2011),是触发用户的交互体验的基础。平等、开放、包容的社区文化的建立对社区的持续发展至关重要。追求建立良好的社交文化,在满足情感需要的同时,促进用户学习持续发展是虚拟学习社区的本质内涵。用户在良好的学习环境中交流学习、探讨问题、分享心得、互动协作,不仅能学习到知识,还能提升学习能力,培养团队合作精神,进而有助于达到更高层次的个人与整体的统一,形成紧密的社区归属感,以促进虚拟学习社区用户持续学习,在学习中与环境不断交互,促使社区持续发展。因此,“软环境”是维系主体与客体间的情感基础和文化基础,是社区生生不息、健康发展的保障。

四、虚拟学习社区生态系统的技术要素分析

互联网新技术的发展为虚拟学习社区服务提升与持续发展提供了技术保障。新技术能为用户提供泛在的智能化服务,为用户提供个性化的交互式学习体验,通过多场景的沉浸感体验,激发用户持续学习,最终为用户提供利于个人成长的终身学习服务环境。因此,需要深入研究新技术的关键要素,推进新技术在生态系统构建中的应用,不断提高社区生态化服务能力,保障社区生态系统的可持续进化。Web3.0 是新一代互联网技术的统称,“个性、精准和智能”是 Web3.0 的核心理念。2005 年,比尔·盖茨在互联网战略会议中提出后,就得到了学界和业界的广泛关注,大数据、云服务、多终端、物联网等技术的发展有助于 Web3.0 理念在虚拟学习社区环境建设中的实施,“云+网+端”的技术应用将成为虚拟学习社区的主流技术架构。

1. 基于云端的智能知识服务

语义网和人工智能是 Web3.0 的两大人工基石。基于语义网的元数据能增强数据之间的连接,拓展数据挖掘的深度和广度,为用户提高更个性化、智能化的知识服务。在新媒体时代,用户知识存储的媒介更多是音视频文件,基于云端的存储能提高资源的检索效率,提高用户学习体验。区块链技术的应用,为奠定

社区“信任”的基础、创造社区可靠的“合作”机制提供了技术支撑。

2. 基于物联网的泛在学习环境

Web3.0 也被称为无所不在的网络，随着 5G 技术的发展，人们会进入万物互联的时代，借助射频识别技术（RFID）或无线连网协议（RuBee），让“人”和“物”都能有唯一标识码，通过网络信息技术，系统中的信息载体更为丰富，各种媒介和环境都能为用户提供元数据的连接与管理服务。学习的输出端不再局限为电脑、手机、平板电脑等，而是通过物联网技术，根据用户位置及时把知识结果呈现在各种便捷的设备上。虚拟现实技术的普及，会增加用户使用的沉浸感，增加用户与社区的黏性，吸引用户在社区持续学习，最终完成用户的成长目标。未来，学习的场景会是泛在的。

3. 基于多终端普适化的个性化知识社交服务

Web3.0 时代，用户能在电脑、手机、平板电脑、机顶盒等不同终端上拥有一致性的用户体验，终端的普适化为服务的普适性创造了条件，便捷的服务环境会吸引越来越多的用户参与社区学习，用户群体的增加为社区客体要素的丰富提供了养分，学习共同体群体和学习群落的发展，不断丰富社区的人际网络和知识网络。社交服务终端的发展也为社区知识产品的扩散提供了便捷的通道，加速社区系统与外界系统信息资源的交换频次，进一步激发社区发展的内生动力。

综上所述，通过构建基于 Web3.0 的“云＋网＋端”的开放式服务环境，能够为用户提供更智能化的知识服务，为用户创造更逼真的学习场景，依托更开放、多元的主题服务，吸引汇聚不同领域的人在社区中分享专业知识、经验和实用见解，以跨领域、无边界的聚集创造出指数化增长的知识价值，以社区连接的人与人之间的关系助力终身学习体系的发展。

第二节　虚拟学习社区生态系统的要素间关系分析

生态学是一门研究特定环境内不同种群相互影响关系的科学。在生态学习观视角下分析用户学习机制，需要深入研究虚拟学习社区环境各要素的相互作用关系以及外在环境对用户学习产生的影响。因此，本节在阐述社区生态系统要素的基础上，解析各系统要素间的作用关系。

一、要素间的关系分类

虚拟学习生态系统要素间的关系既包括相同要素间（知识主体间、知识点集间、知识产品间、用户、学习共同体、学习群落）的关系，也包括不同要素间（知识主体—知识点集、知识主体—知识产品、知识点集—知识产品、学习共同体—学习群落)的关系。本书主要关注虚拟学习社区用户个体与系统要素之间建立的联系,即个体与客体、环境、技术等要素交互所产生的关系。

依据交互客体的不同,用户的交互行为对象主要分为基于系统中知识点的交互以及与系统中其他用户或者学习共同体的交互。LeDoux(1995)的神经生理学研究表明,除非大脑受伤的情况,信息加工的过程一定伴随着情绪和认知的相互作用,很难将信息加工过程区分为纯粹的情绪过程或纯粹的认知过程。因此,用户与系统各要素之间的交互过程会产生数据关系和情感关系。数据关系是主体与客体交互产生的关系,是个体产生学习行为交互的基础通道。数据关系会以数据的形式记录并存储在个体数据库中,真实反映用户的认知基础、学习兴趣、学习过程以及人际网络。具体而言,数据关系包含用户的认知网络图和用户的人际关系网络图,是社区提供个性化知识社交服务的基础。情感关系是个体与其他主体或学习共同体在交互学习中产生的情感紧密度,是个体间情感连接的主观感受,在社区中,它能丰富个体情感,完善个体在社区中完整人格的培育。

简而言之,数据关系是用户与系统各要素在相互作用过程中产生的,是用户与系统各要素在使用中建立的客观联系,并能最终在系统中以信息数据的形式存储,数据关系能真实反映用户的认知基础;情感关系也是用户在与系统各要素相互作用中产生的,是用户与系统在使用中建立的主观情感连接,该情感连接不会在系统中生成信息数据,但情感关系能体现用户的情感认知。数据关系是用户在学习过程中的认知决策基础,情感关系是用户在学习过程中的情感决策基础。用户与系统的数据关系和情感关系越丰富,用户与社区的联系越紧密,关系产生的过程就是社区持续发展的内生动力。

二、关系产生的过程

社区中各要素的关系由主体的知识交流过程产生。因此分析主体知识交流过程,有助于厘清各要素关系发生的过程。参考孙思阳(2018)和李小平等(2017)关于知识及资源的生态化进化研究成果,本书将知识交流分为知识输出、知识接收、知识吸收和知识反馈4个阶段。社区的知识交流发生在人与人之间,人与知识库之间,知识的交流是知识流的双向流动,知识的交流过程常常伴随着隐性知识和显性知识的相互转化。社区中的显性知识是通过文字或多媒体记载的知识,它能用编码的形式在计算机中存储,易于获取、表达和传播。隐性知识相比显性知识指那些用户知道但难以言述的知识，如经验、直觉等。

知识输出是用户将隐性知识和先验知识构建后，显性表达并发布的过程；知识的来源可能是用户根据需求在平台检索而得，也可能是平台推送的知识；知识吸收是用户查看知识，触发已有的先验知识，而后吸收理解最终获得知识的过程；知识反馈是知识接收者向知识发布者的反向输出。上述知识交流的4个阶段是一个持续的、螺旋上升的循环进化过程，用户的学习过程伴随着知识流的持续发生，系统要素间的数据关系就是记录用户产生知识流的过程。

1. 知识输出

知识输出是社区用户通过社区平台发布和分享知识的过程，是用户将知识显性化表达的过程。知识输出有3种方式：①用户直接将平台内有价值的知识通过分享、转发等方式发布出去，这种输出方式也是社区知识的一种传播方式；②用户将平台内有价值的知识直接收藏输入到个体知识库；③当用户有自己的客观知识需求或接收到他人的知识反馈后，用自身掌握的客观知识与先验知识或经验等隐性知识经过撰文、贴图、视频等编辑后，将自己理解吸收后所得的知识显性化表达，通过发布输出在社区中某主题知识库中。

2. 知识接收

社区中用户的知识接收分为主动接收和被动接收两种方式。主动接收一般发生在用户有知识需求时，通过信息检索和社区提问两种方式获得知识，前者是知识已经存在社区主题知识库中，后者是用户在社区中通过搜索的数据匹配技术，无法找到匹配的相关知识后，在社区通过问答发帖、话题讨论、即时聊天等方式获得其他用户的知识输出。用户接收知识后，可以通过知识吸收、知识反馈、知识输出等方式完成知识流的演化，在一系列的过程中促进学习的发生，完成知识的接收与获取。

3. 知识吸收

用户在知识吸收前需要经过知识判断与知识重组两个阶段。用户接收知识后，首先会判断该知识是否满足自身的知识需求、表述是否科学，如果该知识符合用户需求，用户会触发知识接收过程完成知识的学习，通过对知识未来价值预期的判断，决定是否对该知识启用知识输出的流程。知识重组是第二个阶段，用户将有价值的信息与自身原有的知识体系进行融合、重组。重组会有两种结果：一种是用户吸收了与原有知识一样的知识，并未产生新的知识增量；另一种是用户吸收了以前没有的知识，经过与已有知识的匹配和重组，产生了新的知识增量。在用户知识吸收阶段，社区规范、学习共同体会对用户判断知识价值产生影响。因此，社区运维者需要塑造文明友好的社区氛围。用户完成知识吸收后，若接收到其他用户的知识反馈，会触发知识输出过程。

4. 知识反馈

知识反馈是知识交流的重要环节。用户接收知识后，会对知识产生评价，比如表示赞同、评论、引用等。用户对接收的知识进行补充，触发知识接收或知识吸收过程，基于对社区知识交流氛围与人际关系的判断，选择是否触发知识输出过程。知识反馈对于用户知识吸收非常重要，获得反馈能帮助用户改进个人对知识的理解，帮助用户构建新知识。知识反馈其实是知识的增值过程，在反馈中加强并丰富用户与认知网络、用户与人际网络之间的连接，促进系统中数据关系和情感关系的发展，激发社区发展的活力。

第三节　虚拟学习社区生态系统的功能分析

上一节详细分析了虚拟学习社区生态系统各系统要素间的作用关系，可以发现系统中的数据关系和情感关系是伴随用户知识交流的过程而产生的，交互是系统发展的内生动力，主体在虚拟学习社区中通过与环境的不断交互获取养分，获得个体成长。虚拟学习社区中的用户与社区环境是协同进化、共荣共生的关系，满足个体成长的养分就是虚拟学习社区生态系统为个体提供的功能。

Gibson(1979)从生态学的层面揭示了有机体与环境之间的相互作用关系，提出了“给养”(affordance)的概念，强调给养是属于环境的，并由环境提供给有机体。给养体现了社区环境对用户的支持关系。李彤彤等(2017)从生态学视角研究网络学习环境，指出环境中数据、资源、知识、智慧、情感等能量的流动和循环滋养着个体的发展，对个体提供教育给养、社会给养、情感给养、物理给养，在给养的互联互动中，形成学习共同体。教育给养是指环境能帮助个体达成学习目标；社会给养是指个体在环境中能获得协作学习的支持；情感给养是指环境能从心理角度滋养个体；物理给养是指环境能提供帮助个体完成学习任务的内容和工具。其中，教育给养和物理给养是为个体提供必备的知识内容与学习工具，帮助学习者达成学习目标，满足个体的认知需求；社会给养和情感给养是为个体提供交流协作的环境与支持，满足个体的情感需求。因此社区环境需要为个体提供认知和情感两方面的给养。

认知给养强调从系统设计“硬环境”建设方面，为用户推送有价值的、能满足用户需求的内容，能为用户提供人性化的知识交流环境，丰富用户的学习体验，满足用户的学习需求；情感给养强调从系统服务“软环境”建设方面，改善用户交互体验，营造和谐的沟通服务环境，增强用户的社区归属感，满足用户的情感需求。

第四节　虚拟学习社区用户学习机制层次塔理论模型

本书根据第二章分析得出的基于SCT理论的用户学习机制研究框图，依据第一章给出的虚拟学习社区环境用户学习过程图，结合可供性理论，将解读“人—环境”的作用关系作为研究虚拟学习社区用户学习机制的逻辑起点，通过分析虚拟学习社区生态系统内各个要素，要素间的作用关系及生成过程，发现“人—环境”通过交互作用产生知识交流，“人—环境”的交互感知是用户学习的第一个阶段。该阶段重点关注“人—环境”的交互体验，从生态学习观视角研究用户交互式体验。

用户在交互中如产生良好的用户体验，会激发用户进入持续性学习过程阶段，需要关注“环境—人”的行为反应的第二个阶段。在该阶段，重点关注“体验—持续”的作用关系，研究交互体验对用户持续性学习的影响，即用户持续使用意愿。用户的持续性学习是用户在社区内不断发生知识学习微循环的过程。

用户在持续性学习的努力下，会进入“行为—人”的绩效提升的第三个阶段。在该阶段，重点关注“过程—结果”的影响，研究用户持续性学习过程对学习绩效的影响，即用户学习绩效。用户的学习绩效是用户持续性学习努力的结果。

本书用图3-1的层次塔理论模型表示虚拟学习社区用户学习机制，第一个层次为交互式体验阶段的用户交互学习机制，第二个层次为学习持续阶段的用户持续性学习机制，第三个层次为学习结果阶段的用户学习绩效机制。层次塔模型的横坐标表示用户，纵坐标表示对应的学习机制，该模型形象地表达出用户学习机制包含“交互式学习”“持续性学习”和“学习绩效”3个重要阶段，以及各阶段间递进发展的关系。因此，本书围绕用户学习过程，分阶段分析生态系统各个要素对学习产生的影响，深入分析影响用户学习各个阶段的重要变量和作用路径，完善平台建设与服务，改善用户的学习体验，保持用户与平台的黏性，提高用户学习绩效，以保障社区的可持续发展。

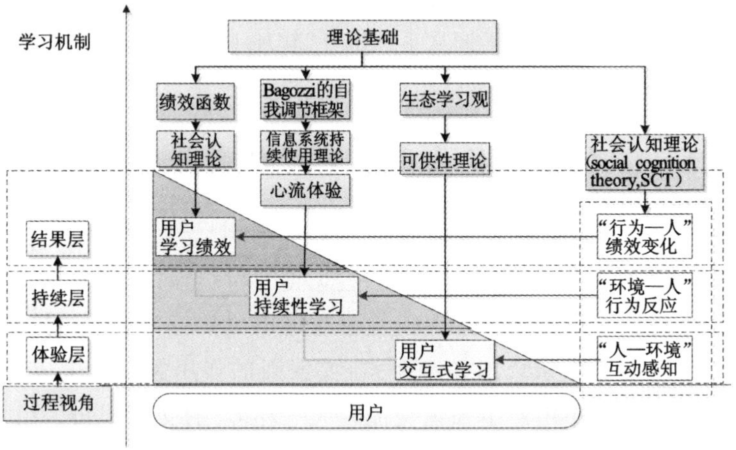

图 3-1　虚拟学习社区用户学习机制的层次塔理论模型

一、用户交互式体验学习机制解析

用户在个体层通过与社区生态系统互动,从平台中已发布的知识库中汲取养分,完成知识接收、知识吸收的学习过程。在学习过程中通过知识反馈不断加强与其他用户的交流互动,在互动中完成知识的输出,将讨论中形成的有价值的知识存入个体知识库,在交互使用中不断丰富知识库。个体通过与有着相同兴趣的其他用户在合作研讨中的情感连接越来越紧密,逐渐形成共同体的认识和对社区的认同,社区归属感不断加强,在社区中交流分享的意愿随着情感关系的发展,互动响应也越来越快,用户的交互式体验也不断提升。

新技术的发展,社区的服务边界不断扩展,虚拟学习社区生态系统通过系统的开放性不断扩展服务用户的途径和通道,不断扩大社区影响力,开放的系统为用户的交互体验注入了新的能量,用户交流的通道越来越便捷,用户的响应越来越及时,能够进一步促进用户与环境的交互体验。用户在与环境中的客体、主体的交互中不断丰富社区中的知识库,不断发展社区的人际网络连接,社区的客体、主体资源也不断得以丰富与发展,因此交互既是个人在社区学习的源动力,也是社区形成与发展的内生动力。如图 3-2 所示,用户交互式体验学习机制模型图形象地表示了虚拟学习社区中"人—环境"的交互作用关系。

正如 Illeris(2007)所阐述的,认知过程和情感过程之间联系紧密,它们总是与学习的过程紧密相伴。互动常常作为感知、传递、参与等形式发生,帮助个人"整合"进入社区,交互才识、学习经验等,从而促进个体知识建构,达到学习目标,

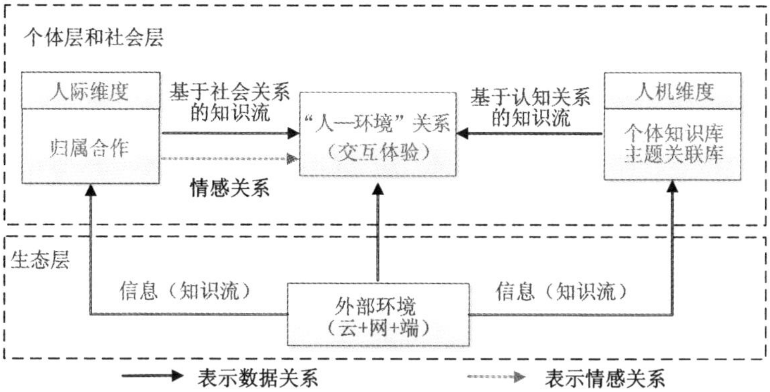

图 3-2　虚拟学习社区用户交互式体验学习机制模型

促进自身学习能力的发展；同时，个体智慧的发展不断丰富集体智慧，促进社区环境的发展。通过第三章第二节的分析，本书从个体层、社会层、生态层（表 3-1），选取社区环境中的客体因素、环境因素和技术因素的关键变量，系统分析用户交互式体验学习机制，识别影响用户感知交互性的重要因素和作用路径，为社区改进人际交互和人机交互服务环境、改善用户交互式学习体验给出实施建议。

表 3-1　用户交互式学习机制研究的影响因子

基于生态学习观的分析维度	包含的变量
个体层	感知有用性
社会层	社区归属感、感知交互性
生态层	感知开放性

资料来源：笔者参考相关理论提出。

二、用户持续性学习机制解析

从生态系统各要素对用户知识交流过程产生关系的视角，对用户交互式体验学习机制作了研究。通过数据关系和情感关系的分析，不难发现，人际维度和人机维度是用户交互的重要通道。图 3-3 直观描述了虚拟学习社区用户知识学习的微循环，用户的持续学习过程就是伴随着知识流和情感流在系统中循环增长的过程。情感关系和数据关系是维持系统持续发展的内生动力，用户在生态环境中的感知交互如何作用于用户的持续学习，促成用户持续性学习行为，让知识学习的微循环能够持续螺旋演化，激发用户在社区中持续学习的意愿，让生态系统获得持续发展的动力。图 3-3 表示虚拟学习社区用户知识学习的微循环模型，该图直观反映出虚拟学习社区中“互动—人”的作用关系。

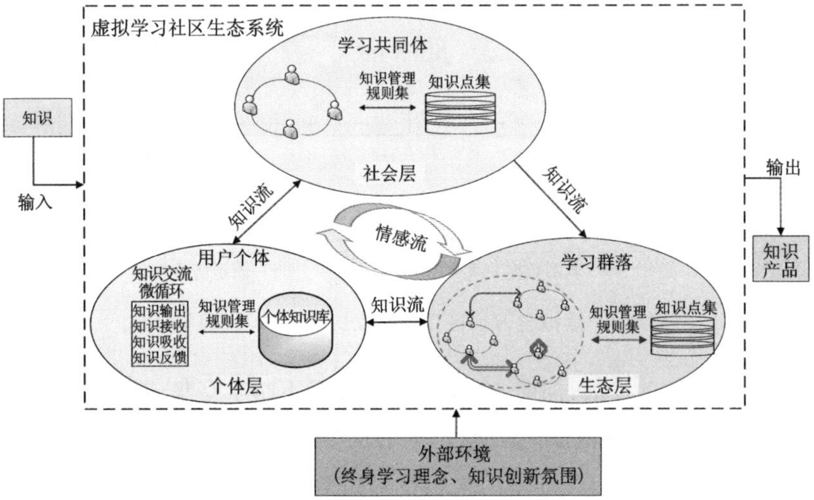

图 3-3　虚拟学习社区用户知识学习的微循环模型

本书拟将 Bagozzi 的自我调节框架应用于虚拟学习社区情境中，发展评估过程因素和情感反应因素。结合可供性理论启示和上节中关于用户交互式学习机制的分析，将用户的感知交互性作为评估使用过程的关键变量，结合信息系统持续使用模型，将用户使用期望作为评估使用过程结果的关键变量；将用户使用的满意度作为用户情感反应的表征之一，结合心流体验理论启示和虚拟学习社区用户知识学习的微循环模型图，用户在交互中产生的心流体验作为用户情感反应的另一个关键变量；将用户持续使用意愿作为 Bagozzi 的自我调节框架中应对反应的结果变量，研究用户持续使用意愿的作用机制，识别影响用户持续使用的关键因素及作用路径，进一步指导社区运营者改善社区环境，提高用户持续使用意愿。用户持续性学习机制研究的影响因子如表 3-2 所示。

表 3-2　用户持续性学习研究的影响因子

基于 Bagozzi 的自我调节框架的分析维度	包含的变量
评估过程	期望确认、感知交互性
情感反应	心流体验、满意度
应对反应	持续使用意愿

资料来源：笔者参考相关理论提出。

三、用户学习绩效机制解析

用户交互式学习机制和用户持续性学习机制是从学习体验与持续的角度，研究虚拟学习社区中各种要素相互作用关系及其对用户学习过程的影响。用户学习绩效机制是用户学习机制层次塔模型中的第三级，是用户在社区中获取学习绩效、完成自我提升的学习结果。层次塔模型中用户的持续学习意愿和第三个阶段学习绩效的获取是否是递进的演变关系，用户持续使用意愿是否是用户学习绩效的充分条件，在用户学习过程的第三个阶段“行为—人”，用户的哪些行为以及用户的特征变量是否对用户学习绩效的提升有积极影响，它们之间存在哪些作用路径，用户的学习能力等变量如何影响学习绩效，需要分析用户学习绩效的影响因素，并详细分析各影响因素的作用机理。

第五节　本书研究的逻辑进程

虚拟学习社区用户学习机制研究是本书的核心内容，为了深入分析用户学习机制，从生态学这一全面系统的视角分析社区环境，力图科学地研究虚拟学习社区生态系统内各要素及其间的作用关系，构建虚拟学习社区用户交互式学习机制模型和用户知识学习的微循环模型。依据第二章分析得出的基于 SCT 理论的用户学习机制研究框图，给出虚拟学习社区用户学习机制的层次塔模型，该模型是全书依托的理论基础，也是下文实证分析展开的重要依据。本书在过程视角下，依据基于 SCT 理论的用户学习机制研究框图，将用户的学习过程分为“人—环境”的交互感知、“环境—人”的行为反应以及“行为—人”的绩效提升 3 个阶段，最终将虚拟学习社区用户学习机制的研究分解为用户交互式体验、用户持续使用意愿和用户学习绩效 3 个问题，并详细阐述这 3 个问题的理论基础。本书的研究框架如图 3-4 所示。

用户交互式体验学习机制是研究用户学习机制的逻辑起点，在知识交流的微观层面分析用户知识交流过程，是理解用户交互学习的理论基础，系统地分析用户与环境生成的数据联系和情感联系的过程，是构筑用户知识学习微循环模型的基础，这些分析为全面系统地分析用户交互式学习机制奠定了理论基础。通过研究用户交互式体验学习机制，最终识别出影响用户感知交互性的关键因素。

用户交互式体验学习机制是研究用户持续性学习的基础，用户持续性学习

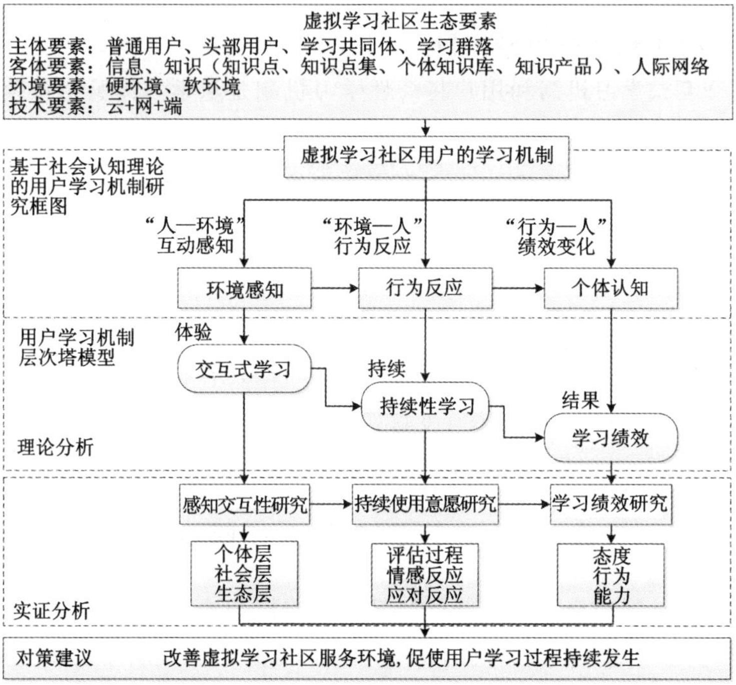

图 3-4　用户学习机制研究逻辑进程图

是学习绩效的前提。用户交互式学习机制和用户持续性学习机制是从学习体验与学习持续性的层面理解用户学习机制，学习绩效是从结果的层面理解用户学习机制，“体验、持续、结果”这一过程的发展逻辑体现了学习是循序渐进、持续努力达成学习目标并促进个体发展的这一本质。

依据以上提出的虚拟学习社区用户学习机制研究框架、学习机制层次塔模型以及各层的理论解析，围绕用户学习过程，本书的研究问题可以分解为 3 个递进发展的实证研究：用户交互式体验研究、用户持续使用意愿研究和用户学习绩效研究。用户的交互式体验研究侧重研究虚拟学习社区新技术环境对用户交互式学习体验的影响；用户持续使用意愿研究重点关注用户的交互式学习体验对用户持续性学习的影响；虚拟学习社区用户学习绩效研究从过程视角，关注用户持续使用意愿和行为对学习绩效的影响。

第六节　本章小结

本章在文献综述和相关理论的基础上，系统分析了虚拟学习社区生态系统的各个要素以及要素之间的作用关系，给出了虚拟学习社区用户学习机制层次塔理论模型，详细阐述了虚拟学习社区用户学习机制研究的逻辑进程，主要做了以下工作：

第一，从4个方面系统分析虚拟学习社区生态系统各个要素，具体包括主体要素、客体要素、环境要素和技术要素。

第二，详细分析虚拟学习社区生态系统要素间的关系及关系产生的过程，指出关系产生的过程就是社区持续发展的内生动力，用户与系统的数据关系和情感关系越丰富，用户与社区的联系越紧密。

第三，以可供性理论为基础，分析虚拟学习社区生态系统的功能，指出社区环境需要为个体提供认知和情感两方面的给养。

第四，系统论述本书的核心主题，提出用户学习机制层次塔理论模型，并从用户交互式学习、持续性学习和学习绩效3个方面详细解析用户学习机制的形成过程。

第五，结合第二章分析得出的基于SCT理论的虚拟学习社区用户学习机制研究框图和第三章第四节提出的用户学习机制的层次塔模型，阐述全书研究的理论基础，给出本书研究的逻辑演化路线，将用户学习机制研究从体验、持续、结果3个层面分解为3个递进发展的研究问题，为下文的实证分析奠定理论基础。

第四章 虚拟学习社区用户的交互式体验研究

在上述对虚拟学习社区用户学习机制理论分析的基础上,本章着重从"人—环境"互动感知角度分析用户交互式体验学习机制。基于生态学习观和可供性理论,以第三章分析的虚拟学习社区用户交互式学习机制模型为基础,从个体层、社会层和生态层选取关键变量,构建用户感知交互性影响因素理论模型,通过调查问卷,采用偏最小二乘法分析验证模型,识别影响用户感知交互性的重要因素及其作用路径,对改善用户学习体验、提高虚拟学习社区服务能力有现实意义。

第一节 研究问题描述

随着移动互联网技术的发展和社交软件的普及,越来越多的虚拟学习社区服务商将社交软件、新媒体技术、即时通信软件融入虚拟学习社区的环境建设中,以方便用户随时随地学习与交流,及时分享包含文字、图片、音频和视频等多媒体形式的知识内容。虚拟学习社区系统的开放式发展,不仅拓宽了社区对外服务的通道,也扩大了虚拟学习社区的用户影响力,同时也带来了新的用户增长。新技术为用户带来了在泛在的生态系统中畅快交互的学习体验。互动是用户在虚拟学习社区中学习发生的原点,是用户和虚拟学习社区环境连接关系生长的动力,互动体验决定了用户是否会中断在社区的学习。本书第二章第二节详细阐述了虚拟学习社区用户学习交互的研究现状,已有研究多是将感知交互性作为持续使用意愿的前置变量,或是研究互动参与行为对学习绩效的影响,缺少将感知交互性作为因变量的实证研究。交互式学习体验是用户学习机制层次塔模型中的第一个阶段,重点是研究"人—环境"的交互感知的形成机理,因此,本章将感知交互性表征为用户交互式学习体验的变量,研究虚拟学习社区用户的交互式体验学习机制。

本书在第三章第四节中,详细分析了用户交互式学习机制中涉及的关键性影响因素,因此,本章主要的研究问题包括两个方面:一个是如何从人和环境的生态化关系发展出发,将可供性理论的哲学思辨融入相关影响因素的变量定义中,在量表层面丰富和发展关键变量的定义与测量;另一个是这些关键变量间的相互作用关系是怎样的，对用户交互式体验学习的影响过程是怎样的。

第二节　变量的定义与维度分析

本书采用 Norman(1999)倡导的以可感知的可供性来表达本书中的变量。第三章第三节论述了虚拟学习社区生态系统的功能是为个体提供成长所需的养分，具体而言，是为个体提供认知养分和情感养分。神经生理学的研究也表明信息加工过程伴随着认知和情绪的相互作用，无法将两者割裂开来，因此在以知识社交为服务基础的虚拟学习社区中，分析用户对系统的可感知变量，不能仅从单一的认知维度来分析相关变量，需要从用户与环境的生态化关系角度出发，融合用户的认知和情感需求，分析虚拟学习社区生态系统中用户对主体与客体要素及环境要素的感知。

一、感知交互性

本书基于可供性理论来探讨人与环境的积极交互关系。将感知交互性定义为用户从使用目标出发，对与周围环境所发生的交互关系状态的感知。Newhagen等(1995)从对系统的使用效果及过程的个体认知角度定义感知交互性。汪祖柱和吴磊(2013)将用户与社群的交互定义为感知的社会交互。刘百灵等(2018)将移动购物平台服务的感知交互性定义为用户对平台的控制及与其他人互动程度的感知。Zhao 和 Lu(2012)将微博的用户感知交互性定义为人机交互和人际交互。人际交互可以称为人与人的交互或者是社会性交互，从人际传播视角关注对用户发布内容的响应性；人机交互从技术特性关注系统对用户的响应性。因此从控制性、乐趣性、连接性和响应性 4 个维度测量用户的感知交互性。以上学者的定义主要是从技术感知角度分析用户对人机和人际感知的可操作性，缺少用户对服务环境的情绪感知。Lee 和 Kwon(2011)研究了购物社区中用户感知到的与他人之间的联系感和亲密感，该研究可以丰富感知交互性中的人际交互感知。Iivari(2013)综合 Zhao、Lee 等的研究，详细给出了用户感知的人际和人机的定义与测量量表。因此，本书借鉴以上学者的研究成果，从用户对社会环境的情感感知和对系统使用环境的认知角度定义用户的感知交互性。

综上所述，本书将感知交互性定义为个体对社会环境和技术服务环境的感知。如图 4-1 所示，社会环境主要指用户对与社区中的其他用户以及学习共同体或学习群落中所发生的人际交互反应的感知；技术服务环境是个体在与平台交互时，对系统反应的人机感知。如表 4-1 所示，感知交互性包括人际交互和人机交互程度两个维度,其中,人际交互包含人际交互连接性和人际交互响应性。人际交互连接性是指用户感知到的与他人之间的联系和亲密感;人际交互响应性是指用户所感知到的与其他用户交互的响应速度和频率。人机交互定义为用户对资源环境以及系统支持用户服务的可控制特性。

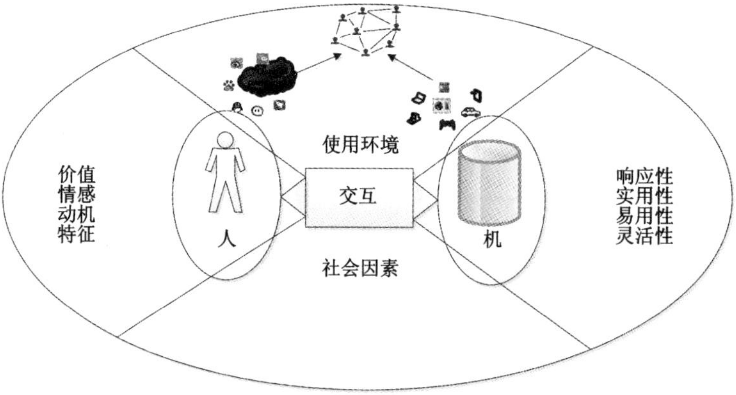

图 4-1 用户感知交互性

表 4-1 用户感知交互性量表

维度	序号	题项
人际交互	1	用户有新的知识收获,会主动与虚拟学习社区的朋友分享
	2	用户愿意与虚拟社区的朋友保持交流
	3	用户在虚拟学习社区中的提问能得到他人的回应
人机交互	4	用户能方便地在虚拟学习社区中获取学习资源
	5	用户能方便地在虚拟学习社区中发表观点或分享观点

资料来源:笔者根据相关文献分析提出。

二、感知有用性

经典的信息系统相关理论基础,如 Oliver(1980)的期望确认理论 ECM,Bhattacherjee(2001)的信息系统使用持续模型 ECM-ISC,Venkatesh 等(2003)的整合型技术接受和使用模型 UTAUT 中都有关于感知有用性的定义。感知有用性被定义为一个人认为使用一个特定的系统将提高他/她的工作表现的程度。感知有用性是用户接受和持续使用信息系统的主要驱动因素。

随着技术特征的不断演进,虚拟学习社区服务模式已从早期单一的知识服务拓展为知识化社交服务。感知有用性是用户使用信息系统的外在动机，用户使用虚拟学习社区平台的动机已经从早期单一的以知识学习为目的，逐渐扩展为以知识学习和学习交友为目的。很多学者的研究结果表明，在融合了社交软件的信息系统中，用户使用系统的动机包含了认知动机和情感动机（Hernandez et al，2011；Yin et al，2015；赵雪芹，王少春，2019；王德胜等，2020；Buil et al，2012）。

Teo 等（2003）研究发现，虚拟学习社区不仅是知识共享的场所，也是用户发展社交关系的场所。因此，Teo 等在前人研究的基础上，拓展了感知有用性的概念，将其定义为用户在认知和情感层面认为系统有用。本书采纳 Teo 等对感知有用性的定义，将虚拟学习社区用户的感知有用性定义为用户从认知和情感层面认为系统对自身有帮助，在使用平台的过程中感知到平台能帮助自己达成目标。具体包含 3 个方面：一是认为系统能为自己提供有用的知识；二是认为系统能帮助自己结识朋友；三是认为系统能提高自己的学习效率（表 4-2）。

表 4-2　用户感知有用性量表

维度	序号	题项
认知	1	虚拟学习社区能为用户提供有用的信息或知识
	2	虚拟学习社区能提高用户的学习效率
情感	3	虚拟学习社区能帮用户结识朋友

资料来源：笔者根据相关文献分析提出。

三、感知开放性

虚拟学习社区是由人与人、人与环境构成的动态开放系统，它需要与外界不断地进行信息流（知识流）的流通。开放性是生态系统自生长的内在要求，新技术的发展和应用能更好地服务与表征系统的开放性特征。本书在第三章第一节中关于虚拟学习社区生态系统的技术要素分析中，详细解析了虚拟学习社区“云＋网＋端”的开放式服务环境。在生态层，本书通过构建感知开放性这一概念度量系统的开放性。其开放性主要表现在 3 个方面：一是学习群体的人际开放性。允许学习个体与外界沟通交流，获取更丰富的资源，同时也允许周围人员的加入，广泛吸纳新用户，为系统引入信息流（知识流），增强学习群体的活力，满足学习群落多样化的生态需求。二是系统运行场景的开放性。在 Web3.0 的网络模式下系统可以实现不同终端的兼容，扩展系统中信息流（知识流）的传输通道，满足用户多场景应用需求。三是服务途径的软件开放性。扩宽学习个体与外界环境沟通的渠道，学习个体在学习群落中汲取的知识养分，可以通过系统的开放式分享服务，及时分享学习成果，促使信息流（知识流）在系统内外交换，实现更大范围的群体智慧共享，增强社区环境的资源活力，保持系统的新陈代谢。因此，本书从人际的开放性、场景的开放性和软件的开放性3个方面衡量感知开放性（表4-3）。

表4-3　用户感知开放性量表

维度	序号	题项
人际的开放性	1	用户周围有很多人在虚拟学习社区学习
场景的开放性	2	用户可以用手机、电脑、平板等多种终端在社区中学习
软件的开放性	3	用户能用QQ、微信、微博等软件及时分享学习成果

资料来源：笔者结合虚拟学习生态系统特征及新技术发展特点提出。

四、社区归属感

归属感的概念起源于心理学。Hagerty等（1992）在研究现实社会中人们由于孤独、疏离感而产生的心理问题时，提出归属感是人们在社会活动中的一个重要的心理健康概念。他指出归属感是个人参与某一系统或环境的体验，使人们感到自己是该系统或环境不可分割的一部分。归属感是一个个体对外部参照物之间的体验，一种内在的情感或评价性的感觉或知觉。归属意味着个体认可群体或系统中的成员身份，个体的行为愿意参照群体和社会网络中的成员行为。归属感是与各种外部的指称物相关的，这些指称物包括其他人、群体、对象、组织、环境（包括物质和社会）和精神层面。对归属感的讨论需要对一个对应的指称物进行识别。

归属感近年来受到信息系统研究者的关注，常应用于教育、社交、电子政务、商业等领域的用户行为分析（Ooi et al，2018；Park et al，2014；Liu et al，2018；Guo et al，2006）。在虚拟社区的环境中，社区归属感指的是成员之间相互关心的感情，以及成员通过共同承诺在一起而满足其需求的共同信念。因此，本书综合Ooi等对移动学习平台的用户社区归属感和Zhao和Lu（2012）对淘宝网虚拟社区用户归属感的定义与测量，将用户在使用虚拟学习社区或参与社区活动时对共同体身份的认同以及对社区的喜爱与依恋定义为社区归属感（表4-4）。

表 4-4 社区归属感量表

维度	序号	题项
情感维度	1	用户感觉自己是虚拟学习社区中的一员
	2	用户觉得虚拟学习社区中有些人是自己的朋友
	3	用户在虚拟学习社区中有很强的归属感
	4	用户愿意遵守学习社区的规则

资料来源：笔者根据相关文献分析提出。

第三节 研究假设与概念模型

可供性理论强调的是一种关系式的研究视角，从生态心理学的视角分析用户交互式学习体验，将用户在学习中信息处理的线性过程转化为一种关系式的研究。本书基于生态学习观，以图 3-2 表示的虚拟学习社区用户交互式学习机制模型为研究框架，分析用户在学习交互中产生的主体和客体之间的数据关系与情感关系过程，以技术可供性和社会可供性理论为支撑，研究虚拟学习社区中用户交互式学习体验的形成机理。

一、个体层和社会层影响因素分析及研究假设

1. 基于数据关系的分析

用户若感觉社区对个人成长有帮助，会根据自身需求，主动在社区中搜索，与个体知识库或知识点集发生交互，通过知识输出、知识接收、知识吸收和知识反馈等过程，用标注、增加、删除、修改等方式更新知识库，将有用的知识存入个体知识库，或将无用的或过时的知识删除。在这一系列的过程中，伴随着用户基于认知关系对知识的评价、标引的过程，系统会记录知识流的发生、发展过程。当用户再次访问时，能方便地在社区中获取有用的学习资源。如果已有知识点集不能满足用户的学习需求，用户可以通过发帖的方式求助，或者通过社区中的好友圈查找已关注的同行公开的个体知识库，从其中找到有用的知识，也可以直接向社区中该领域的专家发帖提问，或者向社区的所有用户求助，这个过程伴随着基于社会关系的知识流的发生、发展过程。因此，用户基于感知有用性的使用动机，会促使用户在交互中形成基于认知关系和社会关系的知识流在平台中流动，进而改善用户的人机和人际交互体验。基于以上分析，本书提出假设：**H1 虚拟学习社区用户感知有用性显著正向影响感知交互性**。

对社区感知有用性体验好的用户会更积极地使用社区平台,愿意为了学习共同体中共同的目标积极互动,通过与学习共同体在共同主题中的合作学习,成员会感到他们的学习需求通过积极参与社区而得到满足,他们与学习共同体的情感联系更加紧密,会认为与他有着相同目标、相同学习经历的人是他们的朋友,对社区的归属感随之提高。Teo 等(2003)采用实验设计,让受试者接触不同的虚拟学习社区,研究发现,在不同类型的虚拟学习社区中,受试者对社区的感知有用性都会显著正向影响社区归属感。詹姆斯等(2010)在研究大学生网络学习活动规律时也发现,感知有用性显著正向影响用户社区归属感。因此,提升用户对平台的感知有用性,如对用户认知提升和情感体验层面有帮助,将有效促进用户对社区的归属感的形成。由此本书提出假设:**H2 虚拟学习社区用户感知有用性显著正向影响社区归属感**。

2. 基于情感关系的分析

个体在学习交互的过程中,通过共建共享资源、合作交流学习等交互行为构筑起稳固的社会关系网,形成学习共同体,学习共同体所孕育的人际网络是以个体认知需求为出发点和归宿点创建的,是个体与外部知识网络的连接载体,个体可以通过不断增强与学习共同体中个体间的认知联通,优化学习路径,自主构建良性知识服务网络。个体在学习过程中,在交流分享和互惠发展中,逐步建立了稳定的情感连接,建立起和谐共生的人际发展网络。个体根据学习效果和情感体验,不断调整、优化所隶属的学习共同体,个体与学习共同体的关系也会随着个体的成长不断进化。拥有稳健关系结构的个体更易获得学习共同体的反馈与支持,培育个体对社区的归属感,这种环境的快速反应能力会显著提高个体对环境的交互感知。一系列良性的互动循环对保持社区生态系统的平衡、可持续发展起着关键作用。已有学者通过实证研究验证了感知交互性和归属感之间的作用关系。Bo 和 Li(2015)以维基百科为例,研究发现,社区归属感对用户交互有积极影响。赵宇翔和刘周颖(2018)也研究发现,虚拟社区用户对社区的归属感越高,用户间的凝聚力越强,则用户更愿意积极地采取对社区有利的行动,在社区分享知识和经验,表达自己的见解,积极与社区成员做进一步的交流互动。基于此,本书提出假设:**H3 虚拟学习社区用户的社区归属感显著正向影响用户感知交互性**。

二、生态层影响因素分析及研究假设

开放性是虚拟学习社区生态系统的本质特征,开放的系统能扩展社区服务的边界，为用户在一个无处不在的生态系统中完成多种任务并流畅地交互提供更好的服务环境。系统的人际开放性意味着更多的用户参与平台信息的共享，系统中的用户主体类型会更加多样，知识库会更加丰富，更容易找到有用的知识，与志同道合的用户形成学习共同体，提高用户的感知有用性和感知交互性。Lin 和 Bhattacherjee(2008)、Zhao 和 Lu(2012)的研究指出网络规模的增加，会释放信号，平台服务商会提供更多的资源或者开发新的功能来完善用户人机交互体验，同时，用户也能从庞大的用户基础中获得更多基于人际的知识服务体验。除了平台人际开放性以外，场景的开放性和软件的开放性也会给用户带来更便捷的操作体验与更快的服务响应速度，大大提高用户交互体验。Ooi 等(2018)将用户对移动服务和系统的便携价值的感知程度定义为感知移动性，研究发现，感知移动性对用户的感知有用性有积极影响。Carillo 等(2017)研究了由泛在媒体系统所连接的 IT 信息系统，系统能为用户提供跨各种渠道的信息访问通道，为用户提供在泛在的数字生态系统中流畅的交互体验，并通过实证分析，验证用户对泛在媒体的系统依赖显著正向影响用户对系统有用性的感知。以上学者分别从人际的开放性、场景的开放性、软件的开放性三方面验证了系统的开放性生态服务环境对用户感知有用性和感知交互性的积极影响。因此，本书提出假设：**H4 虚拟学习社区用户感知开放性显著正向影响感知有用性和 H5 虚拟学习社区用户感知开放性显著正向影响感知交互性。**

新技术的发展与应用为虚拟学习社区服务场景的开放性、软件兼容的开放性提供了可能。Web3.0 技术的发展支持系统在不同终端和软件兼容；用户在互联网上拥有自己的数据，能方便地通过常用的社交软件及时分享学习成果，增加学习者之间的分享频率，促进学习者之间的连接，对社区归属感的形成有积极影响。Guo 等(2016)研究用户使用政府微博的在线体验状态，发现外部群体使用的广泛性和对第三方平台的兼容性会显著正向影响用户的社区归属感。社区人际的开放性能吸引更多用户参与社区活动，用户基数的增大，会大大增加用户找到相似兴趣爱好的用户的概率。赵宇翔和刘周颖(2018)已研究证实，虚拟社区用户的感知相似性会显著正向影响社区归属感。因此，系统的开放性特征对培育用户的社区归属感有积极作用，本书提出假设：**H6 虚拟学习社区用户感知开放性显著正向影响社区归属感。**

三、研究模型构建

以可供性理论为基础，结合生态学习观，在量表层面丰富和发展关键变量感知交互性、感知有用性的定义与测量，结合虚拟学习社区的技术特征，自建感知开放性变量，以图 3-2 表示的虚拟学习社区用户交互式学习机制模型图为基础，在以上系统分析相关文献及本书假设的基础上，以感知交互性为因变量，以感知有用性、社区归属感、感知开放性为自变量，提出虚拟学习社区用户的交互式体验研究模型(图 4-2)。为了分析个体之间的差异，本书纳入了性别、年龄和学历等人口统计学变量作为模型的控制变量。

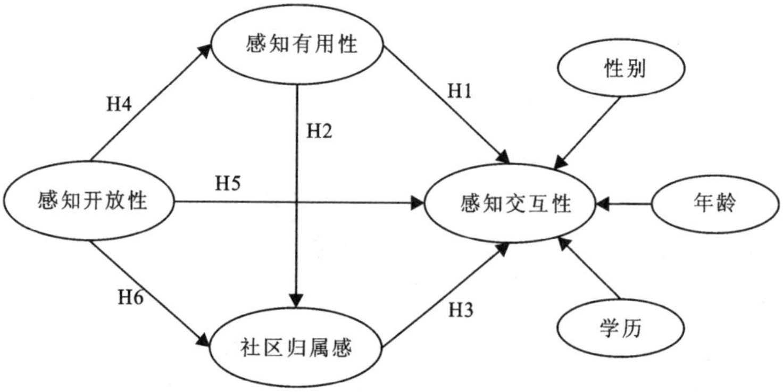

图 4-2　虚拟学习社区用户的交互式体验研究模型

第四节　实证分析与检验

一、相关变量的研究量表

本书涉及 4 个变量:感知交互性、感知有用性、感知开放性和社区归属感。本书针对研究对象和目的，参考国内外文献，结合理论分析，提出所有变量的操作性定义及文献来源，汇总如表 4-5 所示。其中感知开放性变量是基于虚拟学习社区生态系统的技术特征自建的变量。这些变量的概念在本章第二节中有详细的分析与说明。

表 4-5　用户的交互式体验研究相关变量的量表

构念	量表构成	项数	指标	文献来源
社区归属感(SOB)	感觉自己是社区的一员	4	SOB1	Ooi et al，2018；Zhao，Lu，2012
	社区中有些人是朋友		SOB2	
	有很强的归属感		SOB3	
	自己愿意遵守虚拟学习社区的规则		SOB4	

续表 4-5

构念	量表构成	项数	指标	文献来源
感知交互性（PI）	主动与社区朋友分享新的知识收获	5	PI1	Zhao，Lu，2012；Iivari，2013
	愿意与社区朋友保持交流		PI2	
	提问能得到社区中其他人的回应		PI3	
	能方便地在社区中获取学习资源		PI4	
	能方便地在社区中发表观点或分享观点		PI5	
感知有用性（PU）	社区能为自己提供有用的信息或知识	3	PU1	Teo et al，2003
	社区能帮自己结识朋友		PU2	
	社区能提高自己的学习效率		PU3	
感知开放性（PO）	周围有很多人在社区学习	3	PO1	笔者根据理论分析提出
	可以用多种终端学习		PO2	
	能用诸多软件分享学习成果		PO3	

资料来源：笔者根据相关文献整理。

二、问卷设计与发放

1. 数据收集

本书采用问卷调查法收集数据。调查问卷由问卷说明、被测用户基本情况和变量测度项三部分组成。问卷的设计是社科领域科学研究的关键。问卷的设计应该简洁，易于被调查者准确理解。潜变量测度项是问卷设计的重点，为保证问卷可靠、科学，每个测度项都采用李克特 5 级量表评定，其中，1 表示“完全不同意”，5 表示“完全同意”。为避免问卷题项的结构和语义问题，邀请 5 位专家和 6 位研究生仔细审阅并初步作答问卷的全部题目，采用专家判断法论证本书使用的各个指标项是否能够有效测度共同形成潜变量，请专家提出修改意见，经过小组讨论后形成可测问卷；最后，随机抽取中国地质大学（武汉）大学本科生及研究生，共计 85 名调查对象，填写可测问卷的纸质问卷，将数据导入 SPSS 软件，信度为 0.957，达到了问卷设计的质量标准。

本书问卷设计与发放是一项针对虚拟学习社区用户整个学习过程的调查，由于阶段性数据收集的时间、空间受限，获取难度较大，因而采取对用户整个学习阶段进行全过程回顾，即每个用户均已体验完学习全程，并依据回顾自身经历和感受填写问卷内容。

在正式调研之前，先开展预调研工作，以修订测量量表，提高数据的可靠性和有效性，通过问卷星平台发放预调研问卷：https://www.wjx.cn/jq/23171934.aspx。总计收集问卷412份，问卷回收后，针对全部问卷资料进行系统审核，剔除遗漏了关键项回答及有明显逻辑错误的问卷，同时，人工删除作答时间较短、前后回答矛盾、填答具有显著规律性等无效问卷，最终得到有效问卷267份，有效回收率为64.8%，这与大部分在线开展实证调研的问卷回收的有效比例相当。在信度检验中，指标项SOB4的值低于0.7，虚拟学习社区是个松散的自组织，社区中没有很明确的规范，社区中的人际关系是一种弱连接关系，所以SOB4可以删除，为更好地体现数据的有效性，剔除这个测度项，再次计算问卷的信度系数，发现删除SOB4后，不仅能确保本书中测量量表的质量，还能更简明、准确地描述虚拟学习社区相关变量的概念。

根据预调研结果，本书删除了社区归属感中SOB4这个测度项后，正式进行问卷调研工作。为提高试卷回收率，确保答卷质量，本书采用分层抽样与随机抽样相结合的原则，委托各院校老师向学生发放纸质问卷，选取湖北、河南、安徽、河北、北京等地的大中专院校和高等学校的本科生、研究生及教师为调查对象，收集他们对中国大学MOOC、知乎、果壳、CSDN等代表性虚拟学习社区的使用问卷，问卷包含交互式学习体验、持续性学习意愿与学习绩效三部分的调查内容。共发放1258份问卷，剔除86份漏题较多和回答“不用虚拟学习社区”的无效问卷，共收集到1172份有效问卷，回收有效率达93.2%。有效样本的人口统计学特征见表4-6。

本章重点研究用户交互式体验，以感知交互性为因变量，感知有用性、感知开

表4-6　整体问卷有效样本的人口统计学特征

分类	题项	频率	百分比(%)	分类	题项	频率	百分比(%)
性别	男	659	56.2	年龄分布	12～17岁	15	1.3
	女	513	43.8		18～25岁	901	76.9
文化程度	大专及以下	167	14.2		26～35岁	165	14.1
	本科	636	54.3		36～45岁	64	5.5
	硕士	318	27.1		46～55岁	22	1.9
	博士	51	4.4		55岁以上	5	0.3

注：笔者根据调查问卷结果整理所得。

放性和社区归属感为自变量。依据 Chin(1998)的观点，样本量的大小最好达到测量问项 10 倍。本书共涉及问卷中的 14 个测量问项，远远超过问卷调查的样本数量要求。用户的交互式体验研究的有效样本的相关题项的描述性统计结果见表 4-7。

表 4-7 用户的交互式体验研究相关题项的描述性统计

指标	极小值	极大值	均值	标准差	偏度	峰度
PU1	1	5	3.819	0.693	−0.578	1.165
PU2	1	5	3.098	0.893	−0.100	−0.189
PU3	1	5	3.311	0.784	−0.318	0.361
SOB1	1	5	3.172	0.839	−0.125	−0.097
SOB2	1	5	3.060	0.867	−0.029	−0.206
SOB3	1	5	2.881	0.806	0.140	0.283
PI1	1	5	3.290	0.858	−0.293	0.019
PI2	1	5	3.312	0.798	−0.347	0.164
PI3	1	5	3.396	0.754	−0.570	0.777
PI4	1	5	3.680	0.744	−0.538	0.786
PI5	1	5	3.596	0.715	−0.496	0.702
PO1	1	5	3.327	0.836	−0.067	−0.098
PO2	1	5	3.870	0.774	−0.756	1.274
PO3	1	5	3.437	0.899	−0.400	0.023

资料来源：笔者根据 SPSS 19.0 软件的运行结果整理所得。

2. 无回应偏差检验

问卷发放时间、发放方式和回收时间的不同，都有可能会产生回应偏差，无回应是指由各种原因而导致被调查者对调查问卷的不回答。包括两种情况：一种是被调查者不合作，拒绝接受调查。在这种情况下，如果仅用回答者的数据对总体进行推算，就会导致有偏估计。另一种是虽然被调查者接受调查，但他们却集中于某一个群体或阶层，从而导致调查中缺少某些类型的代表样本，影响到整个样本的结构，由此产生无回应偏差。Armstrong 和 Overton(1977)认为晚期的受访者比早期的受访者更有可能像非受访者。回应偏差会影响数据的外部效度和统计结论效度。为检验是否存在回应偏差，本书将问卷中用户的性别、年龄等客观数据进行卡方检验，结果不存在显著性差异($p>0.05$)。说明本书回收问卷的样本不存在回应偏差。

三、数据质量分析

1. 信度分析

信度(reliability)分析是评价量表的一致性或稳定性。统计学中通常使用克伦巴赫系数(Cronbach's α)对问卷数据的信度进行检验。当 Cronbach's α 系数的值处于 0～0.6 时，则对量表进行修订；当 Cronbach's α 系数值大于 0.7，说明量表的信度可接受。在数据分析之前，先用 SPSS 软件检验问卷整体信度。从表 4-8 中可以看出，该研究的有效样本 Cronbach's α 系数值为 0.873，表明所选取量表所有维度的 Cronbach's α>0.85，问卷整体信度非常高，说明问卷的信度可靠。

表 4-8　用户的交互式体验研究相关题项的可靠性统计量

Cronbach's α	基于标准化项的 Cronbach's α	项数
0.873	0.873	14

资料来源：笔者根据 SPSS 19.0 软件的运行结果整理所得。

项总计统计量检验结果显示，删除任意一项后量表总体的 Cronbach's α 系数值均不会有所提升(表 4-9)，所以考虑保留当前的量表题项。

表 4-9　用户的交互式体验研究的相关项总计统计量

测度指标	项已删除的刻度均值	项已删除的刻度方差	校正的项总计相关性	多相关性的平方	项已删除的 Cronbach's α 系数值
PU1	43.43	43.805	0.420	0.303	0.870
PU2	44.15	40.643	0.588	0.423	0.862
PU3	43.94	42.260	0.517	0.364	0.866
SOB1	44.08	41.175	0.581	0.392	0.862
SOB2	44.19	40.658	0.609	0.512	0.861
SOB3	44.37	41.336	0.594	0.473	0.862
P11	43.96	40.939	0.589	0.461	0.862
P12	43.94	41.445	0.589	0.440	0.862

续表 4-9

测度指标	项已删除的刻度均值	项已删除的刻度方差	校正的项总计相关性	多相关性的平方	项已删除的 Cronbach's α 系数值
P13	43.85	42.241	0.543	0.336	0.864
P14	43.57	42.355	0.539	0.401	0.865
P15	43.65	42.660	0.532	0.370	0.865
PO1	43.92	42.278	0.475	0.254	0.868
PO2	43.38	42.859	0.461	0.399	0.868
PO3	43.81	42.092	0.449	0.271	0.870

资料来源：笔者根据 SPSS 19.0 软件的运行结果整理所得。

2. 效度分析

效度分析指尺度量表达到测量指标准确程度的分析。因素分析是效度分析的最理想的方法，因为只有它才能测度效度分析过程及其有效项目解释整个量表变异型态的百分率。利用 SPSS 软件中的最大方差法，针对感知开放性、感知有用性、社区归属感和感知交互性 4 个潜变量分别做主成分分析。操作完成后，整理得到结果。从表 4-10 可以看出，利用 SPSS 软件做巴特利(Bartlett)球形检验分析，KMO 值为 0.906，超过了 0.9，表明数据相关性强，适合因子分析，Bartlett's检验的 F 值等于 0.000，说明问卷题项中的数据来自正态分布。

表 4-10　用户的交互式体验研究相关题项的 KMO 和 Bartlett 检验

取样足够度的 Kaiser-Meyer-Olkin 度量		0.906
Bartlett 的球形检验	近似卡方	5 568.924
	df	91
	Sig.	0.000

资料来源：笔者根据 SPSS 19.0 软件的运行结果整理所得。

从表 4-11 和表 4-12 可以看出，量表聚类出 4 个潜变量的累计解释方差比例为 63.199%，超过 60%，并且相同维度载荷远高于交叉维度载荷，说明该量表具有良好的结构效度。

表 4-11 用户的交互式体验研究的相关题项解释的总方差

成分	初始特征值			提取平方和载入			旋转平方和载入	
	合计	方差的(%)	累积(%)	合计	方差的(%)	累积(%)	合计	方差的(%)
1	5.333	38.091	38.091	5.333	38.091	38.091	2.997	21.410
2	1.591	11.363	49.454	1.591	11.363	49.454	2.280	16.289
3	1.066	7.612	57.066	1.066	7.612	57.066	2.011	14.363
4	0.859	6.133	63.199	0.859	6.133	63.199	1.559	11.137
5	0.667	4.768	67.967					
6	0.645	4.609	72.576					
7	0.613	4.380	76.955					
8	0.558	3.988	80.943					
9	0.520	3.715	84.658					
10	0.491	3.506	88.164					
11	0.460	3.286	91.450					
12	0.452	3.228	94.678					
13	0.390	2.784	97.461					
14	0.355	2.539	100.000					

资料来源:笔者根据 SPSS 19.0 软件的运行结果整理所得。

表 4-12 用户的交互式体验研究各潜变量的交叉因子载荷

观测变量	潜变量			
	PI	PO	PU	SOB
PI1	**0.769**	0.332	0.479	0.561
PI2	**0.745**	0.340	0.476	0.514
PI3	**0.673**	0.385	0.404	0.415
PI4	**0.693**	0.480	0.411	0.347
PI5	**0.657**	0.466	0.384	0.329
PO1	0.407	**0.799**	0.339	0.372
PO2	0.458	**0.736**	0.315	0.229

续表 4-12

观测变量	潜变量			
	PI	PO	PU	SOB
PO3	0.406	**0.739**	0.294	0.325
PU1	0.382	0.336	**0.585**	0.278
PU2	0.533	0.331	**0.870**	0.561
PU3	0.425	0.290	**0.737**	0.495
SOB1	0.486	0.371	0.485	**0.791**
SOB2	0.555	0.334	0.532	**0.834**
SOB3	0.498	0.321	0.520	**0.851**

资料来源:笔者根据 SPSS 19.0 软件的运行结果整理所得。

3. 共同方法偏差

由于本书采用调查问卷对用户进行数据收集,这种单一被试方法可能存在潜在的共同方法偏差问题。为保证研究结论的可靠性,本书采用两种常用的方法对数据进行共同方法偏差检验。第一种方法是 Harman 的单因子检验法(Philip et al,2003),对全部潜变量测量条目进行探索性因子分析,如果未旋转之前的第一个因子方差解释率超过 50%,说明可能存在较严重的共同方法偏差问题。采用 SPSS 19.0 软件计算发现,第一个因子的方差解释率为 38.091%(表 4-11),明显小于 50%,说明数据的共同方法偏差比较小,在可接受范围之内。第二种方法是检验各潜变量之间的相关系数,如果各潜变量间的相关系数大于 0.9,表明共同方法偏差问题比较严重;如果小于 0.9,便可以接受。采用 SmartPLS 3.0 软件计算发现,潜变量间的相关系数最大者为 0.378,小于 0.9,这表明本书的数据质量良好,可进行下一步的数据分析。

四、测量模型检验

该书是探索性研究,研究模型中含有反映性测量模型和形成性测量模型,故选用偏最小二乘法结构方程模型(PLS-SEM)估计法,利用 SmartPLS 3.0 软件检验概念模型。

1. 反映性测量模型检验

在概念模型中,社区归属感 SOB 属于反映性测量模型。聚合效度和区别效度是评估反映性测量模型的主要依据。因子载荷、组合信度(composite reliability,CR)和聚合效度(average variance extracted,AVE)是反映性测量模型的主要考察指标。依据 Fornell 和 Larcker(1981)的研究成果,若因子载荷值和 CR 的值都高于 0.6,说明测度项、因子具有较高的信度,AVE 的值大于 0.5,说明测量模型具有较好的聚合效度。表 4-13 显示各指标值均满足聚合效度的指标条件。Heterotrait-Monotrait Ratio(HTMT)是区别效度的主要考察指标。依据 Hair 等(2013)的观点,HTMT 的值小于 0.85,说明测量模型在概念层次上具有较好的区别效度,在反映性测量模型中只有一个潜变量,故不存在区别效度问题。

表 4-13 用户的交互式体验研究中反映性测量模型的参数检验

潜变量	测度项	因子载荷	Cronbach's α	CR	AVE
社区归属感 SOB	SOB1	0.791	0.766	0.865	0.681
	SOB2	0.834			
	SOB3	0.851			

资料来源:笔者根据 SmartPLS 3.0 软件的运行结果整理所得。

2. 形成性测量模型检验

感知有用性(PU)、感知开放性(PO)和感知交互性(PI)3 个潜变量是形成性测量模型。形成性测量模型需关注潜变量因子外部权重的显著性和因子的多重共线性两个指标。经过 SmartPLS 3.0 软件计算得到如表 4-14 所示。其中,形成性测量模型因子外部载荷的显著性 *T* 值大于 1.96。测度项之间要避免多重共线性,通过方差膨胀因子(variance inflation factor,VIF)来判断。Diamantopoulos 和 Siguaw(2006)研究证明,VIF 值均介于 0.2~5 之间,显变量间没有显著的多重共线性问题。潜变量因子外部权重的显著性用 Bootstrapping 参数法,将样本设置为 5000,以保证分析具有可信的显著性水平。

表 4-14 用户的交互式体验研究中形成性测量模型的参数检验

形成性测量指标	因子载荷	方差膨胀因子	外部权重	标准误差	*T* 值	显著性
PI1→感知交互性	0.769	1.577	0.392	0.043	9.128	***
PI2→感知交互性	0.745	1.674	0.261	0.040	6.604	***

续表 4-14

形成性测量指标	因子载荷	方差膨胀因子	外部权重	标准误差	T 值	显著性
PI3→感知交互性	0.673	1.438	0.205	0.038	5.412	* * *
PI4→感知交互性	0.693	1.384	0.340	0.043	7.926	* * *
PI5→感知交互性	0.657	1.465	0.200	0.039	5.108	* * *
PO1→感知开放性	0.799	1.208	0.524	0.049	10.765	* * *
PO2→感知开放性	0.736	1.276	0.389	0.065	5.978	* * *
PO3→感知开放性	0.739	1.271	0.399	0.064	6.275	* * *
PU1→感知有用性	0.585	1.193	0.298	0.045	6.649	* * *
PU2→感知有用性	0.870	1.218	0.658	0.038	17.399	* * *
PU3→感知有用性	0.737	1.370	0.344	0.038	8.939	* * *

注：* * * 表示 0.01 的显著性水平。

资料来源：笔者根据 SmartPLS 3.0 软件的运行结果整理所得。

五、结构模型与假设检验

1. 模型拟合度分析

模型的标准化残差均方根(standard root mean-square residual,SRMR)是用相关矩阵计算的结果，其表现与真模型密切相关，受样本容量的影响不严重。SmartPLS 3.0 中常用 SRMR 评价模型拟合程度，该值是指将残差进行标准化得到的绝对拟合指数。SRMR 对误差模型，即对错误设定的因子相当敏感，0.08 是模型拟合程度好坏的临界值。当值大于 0.08 时，认为模型拟合得不好(即拒绝所拟合的理论模型)，否则就认为模型可接受(温忠麟等，2004)。

定义公式如下：

$$\text{SRMR}=\text{sqrt}\{2\sum_i\sum_j(s_{ij}-\hat{\sigma}_{ij})^2/[p(p+1)]\} \tag{4-1}$$

式中：sqrt 为平方根函数；s_{ij} 为样本相关系数；$\hat{\sigma}_{ij}$ 为由模型再生的相关系数的估计；p 为观测变量个数。

软件计算得到本模型的 SRMR 值为 0.056，小于 0.08，达到了指标项的要求，说明本章的结构模型与数据的拟合程度较好(表 4-15)。

表 4-15　用户的交互式体验研究模型检验-模型拟合度

模型 SRMR 值	0.056
SRMR 临界值	0.080
分类	绝对、近似误差
拟合程度	较好

资料来源：笔者根据 SmartPLS 3.0 软件的运行结果计算所得。

2. 假设检验

本书采用 SmartPLS 3.0 软件中的 Bootstrapping 抽样技术进行统计推断，将抽样值设置为 5000，选择 0.05 的显著性水平做双尾检测，采用百分位引导的置信区间法，对各研究假设进行检验。假设检验结果如表 4-16 所示，6 条假设都得以验证，感知有用性对感知交互性产生显著影响，感知有用性对社区归属感产生显著影响，社区归属感对感知交互性产生显著影响，感知开放性对感知有用性产生显著影响，感知开放性对感知交互性产生显著影响，感知开放性对社区归属感产生显著影响，这些假设的路径系数均在 0.01 水平显著。

表 4-16　用户的交互式体验研究模型假设检验结果

假设	路径	路径系数	T 值	显著性	检验结果
H1	感知有用性→感知交互性	0.286	10.080	* * *	成立
H2	感知有用性→社区归属感	0.544	18.360	* * *	成立
H3	社区归属感→感知交互性	0.318	10.591	* * *	成立
H4	感知开放性→感知有用性	0.418	13.488	* * *	成立
H5	感知开放性→感知交互性	0.305	9.182	* * *	成立
H6	感知开放性→社区归属感	0.187	6.127	* * *	成立

注：* * * 表示 0.01 的显著性水平。

资料来源：笔者根据 SmartPLS 3.0 软件的运行结果整理所得。

将本模型变量间的影响关系及路径系数用结构方程模型标准化路径系数图直观呈现。如图 4-3 所示，研究模型中感知有用性、社区归属感和感知开放性都直接显著正向影响感知交互性；感知有用性和感知开放性直接显著正向影响社区归属感;感知开放性显著正向影响感知有用性。因此,感知有用性、社区归属感和感知交互性 3 个内生潜变量的被解释方差比例分别为 17.4%、41.5%和 54.2%,表明内在模型的解释力较好,研究模型捕获到了因变量的重要影响因素;因变量感知交互性的被解释方差 54.2%,大于 50%,表明该模型较为稳健。

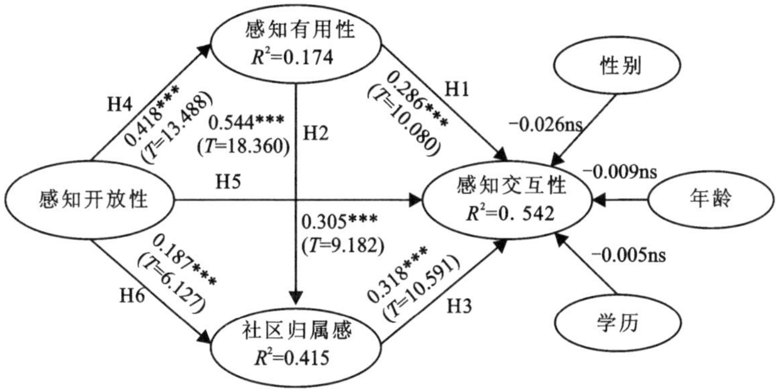

图 4-3 用户交互式体验研究结构方程模型标准化路径系数图

注:路径系数显著性: * * * $p<0.001$,ns $p\geq 0.05$。

资料来源:笔者根据 SmartPLS 3.0 软件的运行结果整理所得。

3. 控制变量影响分析

上两节分析并验证了各个测量模型的解释程度和结构模型中的假设检验,得到了较为理想的结果。在科学研究中,控制变量也是一类重要的研究变量,因此,参照刘勍勍等(2012)的实证分析方法,本书在针对虚拟学习社区用户感知交互式体验的调查中,将用户性别、年龄、学历作为控制变量,对模型的影响进行研究。经过统计分析,汇总各个控制变量对用户感知交互性的影响结果如表 4-17 所示,性别、年龄和学历 3 个控制变量对用户感知交互性体验没有显著影响。

表 4-17 控制变量对用户感知交互性的影响检验结果

假设	路径	路径系数	T 值	显著性	检验结果
性别	性别→感知交互性	−0.026	1.264	ns	不成立
年龄	年龄→感知交互性	−0.009	0.418	ns	不成立
学历	学历→感知交互性	−0.005	0.235	ns	不成立

注: ns 表示不显著。

资料来源:笔者根据 SmartPLS 3.0 软件的运行结果整理所得。

六、中介效应检验

本书根据 Zhao 等(2010)提出的中介效应检验方法,具体方法如下。考虑自变量 X 对因变量 Y 的影响,如果自变量 X 通过影响变量 M 而对 Y 产生影响,则称 M 为中介变量。中介变量回答的是自变量对因变量的作用路径或作用机制的问题,其在自变量和因变量之间起中间传导作用,即自变量作用于中介变量,再由中介变量作用于因变量。公式如下:

$$Y=cX+e1 \tag{4-2}$$

$$M=aX+e2 \tag{4-3}$$

$$Y=c'X+bM+e3 \tag{4-4}$$

$$e1Y=cX+e1M=aX+e2 \tag{4-5}$$

$$e3Y=c'X+bM+e3 \tag{4-6}$$

式中:a 为自变量 X 对中介变量 M 的作用效应;b 为在控制 X 的情况下,M 对因变量 Y 的作用效应;c 为 X 对 Y 的总效应;c'为在控制 M 的情况下,X 对 Y 的作用效应;e1、e2 和 e3 为残差项。

本书运用 SPSS 19.0 软件的 BootStrap 法分别检验感知有用性和社区归属感在感知开放性与感知交互性的中介效应,并将性别、年龄和受教育程度等人口统计变量作为控制变量,根据间接效应在 95%置信区间是否包括 0 来判断中介效应是否显著。

检验结果如表 4-18 所示,在路径“感知开放性→感知有用性→感知交互性”中,感知开放性对感知有用性效应为 0.392,95%置信区间为(0.343,0.441),不包含 0,感知开放性对感知交互性效应为 0.484,95%置信区间为(0.443,0.526),不包含 0,感知开放性和感知有用性对感知交互性效应分别为 0.325 和 0.407,95%置信区间为(0.285,0.365)和(0.364,0.450),不包含 0,均通过显著性检验。由于 0.325<0.484,故感知有用性在路径“感知开放性→感知有用性→感知交互性”中起到部分中介效应。同理,社区归属感在路径“感知开放性→社区归属感→感知交互性”和路径“感知有用性→社区归属感→感知交互性”中起到部分中介效应。

表 4-18　用户的交互式体验研究模型中介效应检验

<table>
<tr><th colspan="2" rowspan="3">中介路径</th><th colspan="3">感知开放性→感知有用性→感知交互性</th><th colspan="3">感知开放性→社区归属感→感知交互性</th><th colspan="3">感知有用性→社区归属感→感知交互性</th></tr>
<tr><th rowspan="2">效果</th><th colspan="2">95%置信区间</th><th rowspan="2">效果</th><th colspan="2">95%置信区间</th><th rowspan="2">效果</th><th colspan="2">95%置信区间</th></tr>
<tr><th>下限</th><th>上限</th><th>下限</th><th>上限</th><th>下限</th><th>上限</th></tr>
<tr><td colspan="2">X→M</td><td>0.392</td><td>0.343</td><td>0.441</td><td>0.444</td><td>0.387</td><td>0.501</td><td>0.703</td><td>0.650</td><td>0.756</td></tr>
<tr><td colspan="2">X→Y</td><td>0.484</td><td>0.443</td><td>0.526</td><td>0.484</td><td>0.443</td><td>0.526</td><td>0.553</td><td>0.510</td><td>0.595</td></tr>
<tr><td rowspan="2">X、M→Y</td><td>X→Y</td><td>0.325</td><td>0.285</td><td>0.365</td><td>0.319</td><td>0.281</td><td>0.358</td><td>0.327</td><td>0.278</td><td>0.376</td></tr>
<tr><td>M→Y</td><td>0.407</td><td>0.364</td><td>0.450</td><td>0.371</td><td>0.335</td><td>0.407</td><td>0.321</td><td>0.278</td><td>0.363</td></tr>
<tr><td colspan="2">检验结果</td><td colspan="3">部分中介效应</td><td colspan="3">部分中介效应</td><td colspan="3">部分中介效应</td></tr>
</table>

资料来源：笔者根据 SPSS 19.0 软件的运行结果计算所得。

第五节　研究结果讨论

本章基于生态学习观，以可供性理论为基础，从学习者个体出发，分析用户在学习中与社区环境以及其他客体之间发生的数据关系和情感关系的交互体验过程，以感知交互性为因变量，构建虚拟学习社区用户交互式体验学习影响因素模型，以 MOOC 平台、知乎、果壳、CSDN 等代表性虚拟学习社区为研究情境，采用 PLS-SEM 检验结构模型。实证结果表明，本书构建的用户交互式体验学习模型有较好的解释性。研究发现：

(1)本书基于可供性理论丰富了感知开放性、感知有用性变量的定义与测量，将原来的单维度构念发展为多维度构念，并结合虚拟学习社区生态系统的技术要素分析结论和系统的生态属性特征，提出感知开放性构念。从人际开放性、场景的开放性、软件的开放性 3 个维度测量感知开放性；从认知和情感两个维度测量感知有用性；从人际交互和人机交互两个维度测量感知交互性。本书涉及 3 个形成性测量模型，这 3 个模型在 SmartPLS 3.0 软件中都通过了多重共线性检验和权重系数显著性检验。因此，本书将可供性理论的哲学思辨融入变量定义中，结合虚拟学习社区生态学特征和技术带给人们动机、体验的变化，在量表层面丰富和发展变量的定义与测量，能较好地契合虚拟学习社区实际发展变化，由此得来的研究结论更具操作性和现实意义。

(2)感知有用性直接显著正向影响感知交互性(0.286)，感知有用性也直接正向影响社区归属感(0.544),同时,社区归属感直接正向影响感知交互性(0.318)(表4-16)。假设1、假设2和假设3都得到证实。该结论进一步证实用户基于感知有用性的使用动机,会促使用户在使用社区平台的过程中形成基于认知关系和社会关系的知识流,感知有用性越强的用户,所生成的数据关系的数据越丰富,拥有丰富数据关系的个体更容易构筑有价值的认知网络和稳健的人际网络,对社区的归属感越强,越容易发展稳定的情感关系,从而改善和提高用户的交互体验。增强用户对平台的归属感,改善用户的人机和人际交互体验,同时也支持了Teo等(2003)、詹姆斯等(2010)、Bo和Li(2015)的研究,即感知有用性有助于提高用户感知交互性体验,感知有用性有助于用户产生社区归属感,社区归属感能提高用户的感知交互性体验。

(3)感知开放性直接显著正向影响感知有用性(0.418),也直接显著正向影响感知交互性(0.305)和社区归属感(0.187)(表4-16)。假设4、假设5和假设6都得到证实。该结论进一步证实系统的开放性特征能拓展系统中信息流的传输通道,丰富系统中的知识流,提高用户的感知有用性、社区归属感,在开放的生态环境中促成用户与环境之间生成丰富的数据流和感情流,最终提高用户的交互式学习体验。同时,支持了Lin和Bhattacherjee(2008)、Zhao和Lu(2012)、Ooi等(2018)、Carillo等(2017)的研究。研究结果表明,生态层的感知开放性对社会层的社区归属感、感知交互性和个体层的感知有用性有显著的积极作用。

(4)本书中的人口统计学变量(性别、年龄、学历等)对用户的感知交互性的作用效果不显著,Howard(2010)研究也发现性别在用户对在线教育体验的感知中所起的作用是有限的。因此,提高社区中用户的交互式学习体验需要充分发挥感知开放性、感知有用性和社区归属感的积极影响作用,无需考虑社区中用户的性别、年龄和学历等的差异性。

(5)通过结构方程模型的中介效应检验发现并识别出3条影响用户交互式体验学习的重要中介效应:感知有用性在促进感知开放性对感知交互性的影响中发挥部分中介效应;社区归属感在促进用户感知开放性对感知交互性的影响中发挥部分中介效应;社区归属感在促进用户感知有用性对感知交互性的影响中发挥部分中介效应。3个关键影响因素之间互相作用,其中,感知开放性对用户感知交互性的总效应最大(0.556),其次是感知有用性(0.459),社区归属感对用户感知交互性的总效应最小(0.318)。因此,本模型发现并识别出影响用户交互式体验学习的重要变量:感知开放性,重视并发挥好新技术在虚拟学习社区用户交互式体验学习中的作用，是一个值得继续深入研究的问题。

第六节　本章小结

本章以第三章给出的虚拟学习社区用户交互式体验学习机制模型为研究框架，以生态学习观和可供性理论为基础，从“人—环境”互动感知角度，在个体层、社会层和生态层选取研究变量，结合虚拟学习社区生态系统的功能分析结论，分析用户与环境的生态化关系，丰富感知有用性、感知交互性的定义与测量，同时结合技术发展演变，提出感知开放性的定义与测量，最后，从用户主体与环境的交互作用形成的数据关系和情感关系出发，构建了虚拟学习社区用户的交互式体验研究模型。

经过专家和用户参与的可测问卷研讨以及问卷星的在线预调研两个阶段完善本书的问卷设计，最后通过纸质问卷的正式调研获得 1172 份有效问卷。通过无回应偏差检验、信度分析、效度分析、共同方法偏差等方法检查并验证了数据的可靠性和准确性；采用 PLS-SEM 检验测量模型和结构模型进行实证分析，结果表明，感知有用性、社区归属感和感知开放性直接显著正向影响用户感知交互性，用户性别、年龄、学历等控制变量对用户感知交互性的作用效果不显著；最后利用 BootStrap 法分析中介效应，验证了 3 条中介效应：虚拟学习社区用户感知开放性通过感知有用性正向影响感知交互性；用户感知开放性通过社区归属感正向影响感知交互性；用户感知有用性通过社区归属感正向影响感知交互性。

综上所述，本章将可供性理论的思辨融入相关影响因素的变量定义与测量中，用结构方程模型的方法详细分析了这些变量间的相互影响及其对用户交互式学习体验的作用关系，详细阐述了虚拟学习社区用户学习机制层次塔模型中的用户交互式学习体验的学习机制的理论分析和实证验证过程。研究结论对虚拟学习社区开发者与运营者具有一定的实践参考价值。

第五章　虚拟学习社区用户持续使用意愿研究

在第四章对用户的交互式体验研究的基础上，本章着重从“环境—人”行为反应的影响角度分析用户学习机制层次塔模型中的第二阶段：持续性学习机制。以 Bagozzi 的自我调节框架为基础，整合信息系统持续使用理论和心流体验，构建用户持续使用意愿影响因素理论模型，通过调查问卷，采用偏最小二乘法分析验证模型，识别影响用户持续使用意愿的重要因素及其作用路径，深入分析用户持续性学习机制的形成机理，从而采取有效措施，优化社区平台设计，改善社区环境建设，提升用户的持续使用意愿，增强用户与社区的黏性，对于提高社区可持续发展能力具有指导意义。

第一节　研究问题描述

Web3.0 等新技术的应用普及，改善了用户在虚拟学习社区中的交互式学习体验，用户在交互中开启了社区学习的第一个阶段，良好的互动体验是用户继续使用社区平台的前提与保障。然而，有些社区的用户在经历早期活跃状态后，逐渐归于沉寂。社区依靠不断吸纳新的用户来保持社区流量。但是开发一个新用户的成本远远高于维持一个新用户的成本，长此以往，不利于社区的可持续运营。如何促使用户进入持续性学习阶段，需要研究“环境—人”的行为反应的影响，重点关注“体验—过程”的作用关系，研究交互体验对用户持续性学习的影响，即研究用户持续使用意愿。

移动社交软件等新技术的使用带来用户学习体验的变化，用户使用平台的动机可能不再仅仅是绩效、价值层面的感知有用性。在本书第二章第三节的文献分析中，很多学者的研究结果表明，社交类软件用户的交互式体验对用户持续使用有积极影响。在虚拟学习社区环境下，交互式体验与用户持续使用意愿的关系还需要进一步的理论探索和实证检验，能否构建新的理论模型，研究用户持续性学习机制，了解新技术环境等因素对用户持续性学习意愿的影响及其作用路径将是本章的研究主题。

第二节 变量的定义与维度分析

一、满意度

从个体使用环境的动机角度，很多学者研究发现用户在使用包含社交类信息系统的动机已经不再只是为了内容满足这一个层面。Luo 和 Remus(2014)发现用户使用网络信息服务是为了满足信息需求和情感需求。Li 等(2018)研究发现移动政务微博的用户满意度受到内容满足、社会满足和过程满足的影响。Ha 等(2015)将用户的满足分为以认知、享乐、综合、社会互动为目的的“获得”满足感和使用中感知的移动方便的“机会”满足感。Zhang 和 Zhang(2013)研究发现新闻网站的用户满意度包含信息满意和使用满意两方面。虚拟学习社区既是在线学习平台、知识管理服务平台，也是知识社交服务平台，随着技术的发展，为用户提供多途径的生态化虚拟学习服务环境。综合以上学者的研究结论和虚拟学习社区的平台特性，本书从内容满意、过程满意、情感满意、结果满意 4 个方面衡量用户满意度。

本书综合生态学习观中个体与环境的给养关系以及类似平台用户满意度的研究成果，给出虚拟学习社区用户满意度的定义和测量。满意度是指用户对比虚拟学习社区使用前期望与使用后实际体验而产生的主观判断，包括认知和情感两个层面。认知满意度强调从信息处理视角，用户在信息处理过程和信息获取中获得的满足感，由用户对知识内容感到满意和用户对学习效果感到满意两方面测量；情感满意度强调由外部环境刺激带来的交互行为所产生的感觉和情感体验，由用户对学习过程感到满意，对学习的交往沟通过程感到满意两方面测量。所以本书基于满意度的概念梳理和文献综述，给出了如表 5-1 所示的定义和测量。

表 5-1 用户满意度量表

维度	序号	题项
认知	1	用户对虚拟学习社区的内容满意
	2	用户对虚拟学习社区的学习效果满意
情感	3	用户对虚拟学习社区的学习过程满意
	4	用户对虚拟学习社区的交往沟通过程感到满意

资料来源：笔者根据相关文献整理。

二、期望确认

Oliver(1980)在研究消费者满意度与期望及期望不一致程度的关系时，提出期望确认理论。该理论将消费者在购买产品或接受服务前形成的期望称为初始期望，将用户使用产品或服务后的感知绩效与初始期望做比较，得到的期望确认水平会影响用户使用后的满意度。期望确认理论由早期在商业领域的应用逐渐延伸到信息系统领域。Bhattacherjee(2001)在研究在线银行系统用户的持续使用意愿时，提出信息系统持续使用模型，并开发了新的量表，将用户使用系统前期望与实际性能一致性的感知定义为期望确认。Carillo等(2017)采纳Bhattacherjee对期望确认的定义，将用户对使用设备的期望值与实际使用性能之间的一致性的感知定义为期望确认。Chen(2014)将在线学习用户对学习成果的预期达成度定义为学习期望确认。用户在虚拟学习社区中的学习也是使用信息系统的一个过程，用户在使用前，会对学习的过程体验与学习结果有预期，对比使用后的用户感知的差距即是期望确认。本书借鉴相关学者对信息系统中用户期望确认的定义，从使用前的预期与实际使用后的推论性体验差异和客观结果性差异两方面测量用户期望确认。

三、心流体验

心理学家Csikszentmihalyi(1975)最先提出心流的概念。他将“心流”定义为“当人们全身心投入行动时所感受到的整体体验”。Hoffman和Novak(1996)指出在网络环境中，用户体验过程可能比目标导向更重要。对于一般的人机交互来说，心流会是一个更有价值的用户体验。Novak等(2003)根据不同类型的目标导向活动和体验活动来划分网络环境下用户心流体验的定性描述与定量分析。心流体验被广泛地应用于在线教育、在线游戏、电子商务等领域。本书采纳Cheng(2014)对混合学习系统中用户心流体验的定义，将用户在系统中学习的忘我状态定义为心流体验，从学习的专注状态、学习时时间飞逝与完全沉浸于活动三方面测量心流体验。

四、持续使用意愿

Bhattacherjee(2001)在构建信息系统持续使用模型中，用以下3个题项“打算继续使用在线银行业务(online banking division，OBD)而不是停止使用它的用途”“意图是继续使用OBD而不是使用任何替代手段(传统银行业)”以及一个反向编码的测量题项“如果可以的话，我想停止使用该系统”测量用户持续使用系统的意愿。Bhattacherjee 等(2008)在构建可扩展的信息系统持续使用模型时，简化了该问题的测量，不再使用反转题项，用“打算在工作中继续使用文档管理系统(document management system，DMS)”“打算继续使用 DMS 来处理更多的申请”“继续使用 DMS 来履行自己更多的工作职责”这 3 个题项来测量用户的持续使用意愿。以上研究成果陆续发表在 2001 年、2008 年的《管理信息系统》《计算机信息系统》，研究对象是一般的办公类信息系统。随着社交网络和移动网络的普及，用户对社交网络背景下的系统持续使用意愿的测量题项从只关注用户是否愿意继续持续使用系统，到用户是否愿意继续持续使用系统并愿意推荐周边人使用。王哲(2017)综合 Bhattacherjee 的研究成果和社交网络的特征，在研究知乎社区用户的持续使用意愿时，从“用户认为自己未来将继续使用的可能性或意愿”“愿意推荐其他人使用”和“若时光倒流仍会再次选择使用”3 个问题测量用户持续使用知乎社区的意愿。本书采纳王哲关于用户持续使用意愿的定义与量表。本书的持续使用意愿指已经使用过虚拟学习社区的用户认为自己未来将继续使用的可能性或意愿，可从未来会继续使用虚拟学习社区学习、愿意推荐其他人使用虚拟学习社区、若时光倒流仍会再次选择使用该社区学习 3 个方面测量。

第三节　研究假设与模型构建

本节基于 Bagozzi 的自我调节框架，整合信息系统持续使用模型和心流体验，从评估过程、情感反应和应对反应三方面选取研究变量，构建用户持续使用意愿研究模型，研究影响用户持续性学习的关键变量及其相互作用关系。

一、评估过程影响因素分析

基于 Bagozzi 的自我调节框架论述，个体的自我调节是通过使用体验，结果与预期的冲突、满足、回避或追求等心理过程和情感反应来实现的。在虚拟学习社区中，用户对使用预期的评价和与环境交互体验的评价会导致用户特定的情感，进而刺激针对特定行动意愿的应对反应。

1. 感知交互性对心流体验、满意度和持续使用意愿的影响

交互是用户与社区系统发生联系的起点，用户根据感知交互性体验，结合使用系统前的预期综合评估决定是否会继续与社区交互。第二章第三节的文献综

述中，发现很多学者的研究都表明，新技术的应用会显著增强用户的交互体验，由于交互体验的增强，会进一步增加用户的沉浸式体验。信息系统持续使用理论模型主要是关注用户接受或使用技术后的满意度对持续使用意愿的影响。社交网络的发展，用户的使用体验也会对用户的态度产生积极的影响。Csikszentmihalyi (1975)在对各界人士的访谈中发现，心流体验发生在一个人至少在理论上能够应付所有行动要求的活动中。该活动是可控的、可管理的，环境需要为一个人的行动提供明确的、连贯的反馈，将个体的感知限制在一个有限的可能性领域中。Csikszentmihalyi 建立了心流体验模型，并详细论述如果环境能在活动中为个体提供清晰明确的反馈，个体会倾向于享受活动本身，从而进入心流状态。Rodrı′guez-Ardura 和 Meseguer-Artola(2016)分析来自欧洲高等教育区一所开放远程大学的 2530 名学生的调查和注册数据，也验证了交互对用户心流体验及学习行为的积极影响。Xu 等(2019)从感知行为控制、连接性和响应性三方面定义感知交互性，分析社交环境通过感知交互性对用户使用意愿的影响，利用偏最小二乘法分析 334 名微信用户的数据，验证了用户感知交互性与未来参与意愿之间的正相关关系。因此，虚拟学习社区用户感知交互性体验会促进用户产生心流体验，并提升用户的持续使用意愿。由此，本书提出假设：**H1 虚拟学习社区用户感知交互性对用户的心流体验有显著正向影响和 H2 虚拟学习社区用户感知交互性对用户的持续使用意愿有显著正向影响。**

在虚拟学习社区中，用户的感知交互性对用户使用状态有积极影响。刘威童和汪潇潇(2019)分析 48 门混合式课程的本科生和研究生关于混合式教学满意度的 1298 份有效问卷，发现交互程度显著正向影响满意度。钱瑛(2015)从好友态度倾向、提供交互功能、提供帮助、快速响应等维度测度感知互动，实证研究结果表明，在线学习平台中，感知互动正向影响学习满意度。Teoa 等(2003)扩展了现有的网络界面设计和可用性文献，在一个受控的实验室实验中，对 3 个具有不同互动水平的网站进行了实证分析，研究发现，增加网站的互动性对用户使用商业网站的满意度有积极的影响。因此，提升用户对虚拟学习社区交互式使用体验的感知，如改善人机交互服务、提高人际交互响应等方面的感知，将有效提升用户使用的满意度。由此，本书提出假设：**H3 虚拟学习社区用户感知交互性对用户满意度有显著正向影响。**

2. 期望确认对感知交互性、满意度的影响

在 ECM-ISC 模型中，期望确认对满意度产生积极影响，当用户在社区中获得与预期相一致的体验与收获，则对社区会比较满意；反之则形成低的满意度。若期望和实体体验差距较大，即使使用中获得了不错的收获和良好体验，用户仍旧会不满意。Chang 和 Zhu(2012)将用户的社会资本定义为用户感知的桥接社会资本与感知的关系社会资本。用户感知的桥接社会资本是指个体之间可能为彼此提供有用信息或新观点的松散的情感弱关系。感知的关系社会资本是指社区中人与人之间愿意紧密联系的情感上亲密的关系。用户感知的桥接社会资本与感知的关系社会资本共同构成了社区中用户的感知人际互动关系。中国社交网络情境下的实证研究结果表明，用户期望能显著正向影响用户感知的人际互动关系。用户对社区的期望越高，越能产生积极的使用动机，在社区中的表现会更积极，会更易获得良好的交互体验。基于此，本书提出假设：**H4 虚拟学习社会用户期望确认对用户感知交互性有显著正向影响和 H5 虚拟学习社会用户期望确认对用户满意度有显著正向影响**。

二、情感反应因素分析

用户在经历"人—环境"的交互式感知阶段后，会进入"环境—人"的行为反应阶段。用户在交互式学习体验和周围环境的作用下，进入沉浸状态的用户会有更愉悦的感受和更积极的应对反应。Bagozzi 的自我调节框架中也详细阐述了用户正向的情感评价对用户的持续使用意愿有积极影响。信息系统持续使用理论也表明，信息系统用户的满意度显著正向影响用户的持续使用意愿。满意度是用户使用虚拟学习社区后的认知与情感的满意状态。用户对系统有正向的情感评价，则会产生积极的反应状态。很多学者的实证研究结果表明，信息系统用户使用的满意度对用户持续使用意愿有显著正向影响。张薇薇和柏露(2017)以威客中国为实证研究对象，从网站的服务满意、经历愉快、过程顺利 3 个方面测度用户满意度。甘春梅等(2018)以知乎为例，从经历满意和经历愉快两方面测度用户满意度。虚拟学习社区，用户满意度是用户对"环境—人"作用关系后的综合评价，若用户能通过虚拟学习社区的问答、专栏等服务，获取有价值的信息交换，拓展有价值的人际关系，在使用过程中感到愉快，则用户会愿意继续使用该社区。这种积极评估结果会显著正向影响用户的持续使用意愿。因此，本书提出假设：**H6 虚拟学习社区用户满意度对持续使用意愿有显著正向影响**。

当人们完全沉浸在一项活动中时，会进入忘我的状态，但是这个状态并不是与自身物质现实失去联系，而是自我构建，是个体学会在刺激和反应之间插入的一个中介。心流状态下的个体所追求的是头脑的一贯性，即集中思想去完成某事的能力。在该状态下，个体控制着他/她的行动和环境，个体所表现出的技能足以满足环境的需求，在心流状态中，个体不会特意停下来评估反馈，应对反应已经成为自动持续发生的状态。当活动结束，个体再回顾该阶段时，心流体验会促成个体构建更为积极的自我概念，让个体继续当前任务的意愿更积极。Cheng(2014)研究发现，用户在使用混合电子学习系统时，心流体验显著正向影响他/她的持续使用意愿。心流体验是用户在社区学习过程中，对环境和个体状态的忘我体验，是一种正向的积极体验，用户会产生积极的应对反应。基于以上分析，本书提出假设：**H7 虚拟学习社区用户的心流体验对持续使用意愿有显著正向影响。**

三、控制变量

为了解释个体或情境之间的差异，本书纳入了文献中指出的可能影响用户持续使用意愿的几个控制变量。这些变量包括性别、年龄和学历等人口统计学变量。

在社会学、心理学、市场营销学、教育学等领域，很多研究都表明，性别是研究个体行为差异的一个重要的控制变量。在社会的规范和价值体系中，男性和女性在不同的情况下会表现出不同的社会行为。很多信息系统方面的文献也表明男性和女性在采用和使用信息技术时表现出不同的行为。刘勍勍等(2012)研究发现，性别、年龄和学历对老年人使用基于互联网的信息系统的持续意愿没有显著影响。Zhang 等(2012)研究香港大学的非全日制在职研究生论坛用户，发现性别、年龄和学历对持续参与意愿没有直接显著影响。Mouakket(2018)研究 Facebook 的使用，发现男性的持续意向平方值高于女性。张珠龙(2013)分析“江苏学习在线”1.8 万位实名用户事实数据，发现在网络学习社区中，男性账号活跃程度高于女性。已有的认知能力及年龄与社区居民的网络学习行为具有较强的关联关系，学历层次较高组和年龄段较高组的用户学习持续性较高。杜智涛(2017)研究国内主要网络学习平台的 2582 位用户的调查问卷，发现年龄与学习意图呈显著负相关。陈昊等(2016)在研究社交用户持续使用意愿时，发现性别对用户持续使用意愿有显著正向影响，学历与年龄对用户持续使用意愿没有显著作用。综合以上学者的研究结论，本书将性别、年龄和学历作为本章研究模型中的控制变量。

四、研究模型构建

基于上述文献，本节在研究假设的基础上，以虚拟学习社区为研究情景，基于 Bagozzi 的自我调节框架，整合信息系统持续使用模型和心流体验，构建如图 5-1所示的研究模型，从评估过程、情感反应和应对反应三方面分析影响用户持续使用意愿的因素及其作用机理。为了分析个体之间是否存在显著性差异，将性别、年龄和学历等人口统计学变量作为本模型的控制变量。

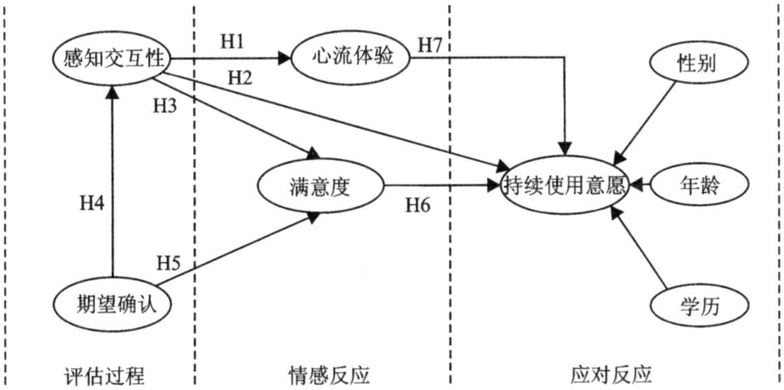

图 5-1 用户持续使用意愿影响因素研究模型

第四节 研究方法与实证分析

一、相关变量的研究量表

本书的调查问卷包括基本信息和主体内容两部分，其中主体问卷采用李克特 5 级量表进行设计。理论模型涵盖的 5 个变量来源于已有研究与成熟量表的综合分析。考虑到量表多为英文，采用“回译法”保证翻译的有效性，生成中文量表。结合理论分析，提出本书所有变量的操作性定义及文献来源，汇总如表 5-2所示，其中感知交互性变量是本书第四章实证分析中的因变量。这些变量的概念在第四章第二节和第五章第二节有详细的分析与说明。

表 5-2 用户持续使用意愿研究相关变量的测度项与来源

变量	测度项	测度项来源
期望确认（LOE）	LOE1 所获得的体验比自己预期得好	Bhattacherjee，2001；Chen，2014
	LOE2 所获得的收获比自己预想得大	

续表 5-2

变量	测度项	测度项来源
心流体验(FOE)	FOE1 学习环境能让自己专注于学习	Novak et al，2003；Cheng，2014
	FOE2 学习时觉得时间过得飞快	
	FOE3 自己能够沉浸于学习活动	
感知交互性(PI)	PI1 主动与社区朋友分享新的知识收获	Zhao，Lu，2012；Iivari，2013
	PI2 愿意与社区朋友保持交流	
	PI3 提问能得到社区中其他人的回应	
	PI4 能方便地在社区中获取知识	
	PI5 能方便地在社区中发表观点或分享观点	
满意度(SAT)	SAT1 对学习过程感到满意	Luo，Remus，2014；Li et al，2018
	SAT2 对学习效果满意	
	SAT3 对交往沟通过程感到满意	
	SAT4 对社区的知识内容感到满意	
持续使用意愿 CUI	CUI1 未来会继续使用	王哲，2017
	CUI2 愿意推荐其他人使用	
	CUI3 若时光倒流仍会再次选择使用该社区	

资料来源：笔者根据相关文献及调查问卷结果整理。

二、数据收集与数据质量分析

本章(虚拟学习社区用户持续使用意愿研究)与第四章(虚拟学习社区用户的交互式体验研究)所用数据来源于对同一调查对象发布的同一套问卷。该问卷一共发放 1258 份，回收有效问卷 1172 份，问卷包含 48 个测量问项，其中 17 个是关于用户持续性学习的调查，问卷内容详见附录。

1. 描述性统计分析

本章重点研究虚拟学习社区用户持续性学习机制，以用户持续使用意愿为因变量，感知交互性、期望确认、满意度和心流体验为自变量。依据 Chin(1998)的观点，样本量的大小最好达到测量问项的 10 倍。本部分的研究共涉及问卷中的 17 个测量问项，1172 份有效问卷的样本量远远超过问卷调查的样本数量要求。关于用户持续使用意愿的有效样本的题项描述性统计结果见表 5-3。

表 5-3　用户持续使用意愿研究相关变量的描述性统计结果

指标	极小值	极大值	均值	标准差	偏度	峰度
PI1	1	5	3.290	0.858	−0.293	0.019
PI2	1	5	3.312	0.798	−0.347	0.164
PI3	1	5	3.396	0.754	−0.570	0.777
PI4	1	5	3.680	0.744	−0.538	0.786
PI5	1	5	3.596	0.715	−0.496	0.702
LOE1	1	5	3.345	0.778	−0.118	0.441
LOE2	1	5	3.382	0.765	−0.185	0.382
FOE1	1	5	3.002	0.847	−0.096	−0.184
FOE2	1	5	3.317	0.832	−0.247	−0.083
FOE3	1	5	3.276	0.786	−0.254	0.251
SAT1	1	5	3.276	0.703	0.016	0.521
SAT2	1	5	3.245	0.734	0.010	0.535
SAT3	1	5	3.253	0.726	−0.080	0.491
SAT4	1	5	3.460	0.739	−0.167	0.624
CLI1	1	5	3.694	0.808	−0.574	0.612
CLI2	1	5	3.689	0.779	−0.547	0.685
CLI3	1	5	3.654	0.790	−0.688	0.926

资料来源：笔者根据 SPSS 19.0 软件的运行结果整理所得。

2. 信度分析

信度(reliability)分析是评价量表的一致性或稳定性。统计学中通常使用克伦巴赫系数(Cronbach's α)检验对问卷数据的信度进行检验。从表 5-4 中可以看出，该研究的有效样本 Cronbach's α 值为 0.912，表明所选取量表所有维度的 Cronbach's α>0.85，问卷整体信度非常高，说明问卷的信度可靠。

表 5-4　用户持续使用意愿研究相关变量的可靠性分析

Cronbach's α	基于标准化项的 Cronbach's α	项数
0.912	0.913	17

资料来源：笔者根据 SPSS 19.0 软件的运行结果整理所得。

项总计统计量检验结果显示，删除任意一项后量表总体的 Cronbach's α 值均不会有所提升(表 5-5)，所以考虑保留当前的量表题项。

表 5-5 用户持续使用意愿研究相关变量的项总计统计量

测度指标	项已删除的刻度均值	项已删除的刻度方差	校正的项总计相关性	多相关性的平方	项已删除的 Cronbach's α 值
LOE1	54.52	63.818	0.601	0.517	0.906
LOE2	54.48	63.630	0.629	0.533	0.905
FOE1	54.87	63.820	0.543	0.411	0.908
FOE2	54.55	64.140	0.529	0.398	0.908
FOE3	54.59	63.289	0.638	0.512	0.905
PI1	54.58	64.475	0.485	0.408	0.910
PI2	54.55	65.028	0.484	0.415	0.910
PI3	54.47	65.527	0.474	0.322	0.910
PI4	54.19	64.535	0.569	0.400	0.907
PI5	54.27	65.514	0.507	0.355	0.909
SAT1	54.59	63.583	0.697	0.572	0.904
SAT2	54.62	63.257	0.693	0.599	0.903
SAT3	54.61	63.807	0.651	0.488	0.905
SAT4	54.41	63.856	0.634	0.463	0.905
CUI1	54.17	63.214	0.624	0.571	0.905
CUI2	54.18	63.507	0.626	0.538	0.905
CUI3	54.21	63.568	0.611	0.540	0.906

资料来源：笔者根据 SPSS 19.0 软件的运行结果整理所得。

3. 效度分析

效度分析指尺度量表达到测量指标准确程度的分析。因素分析是效度分析的最理想的方法，因为只有它才能测度效度分析过程及其有效项目解释整个量表变异型态的百分率。利用 SPSS 19.0 软件中的最大方差法，针对感知交互性、期望确认、心流体验、满意度和持续使用意愿 5 个潜变量分别做主成分分析，结果整理如表 5-6 所示，从表中可以看出，利用 SPSS 19.0 软件做巴特利(Bartlett)球形检验分析，KMO 值为 0.925，超过了 0.9，表明数据相关性强，适合因子分析，Bartlett 检验的 F 值等于 0.000，说明问卷题项中的数据符合正态分布。

表 5-6　用户持续使用意愿研究相关量表的 KMO 和 Bartlett 的检验

取样足够度的 Kaiser-Meyer-Olkin 度量		0.925
Bartlett 的球形检验值	近似卡方	9 160.079
	df	136
	Sig.	0.000

资料来源：笔者根据 SPSS 19.0 软件的运行结果整理所得。

从表 5-7 和表 5-8 可以看出，量表聚类出 5 个潜变量的累计解释方差比例为 68.410%，超过 60%，并且相同维度载荷远高于交叉维度载荷，说明该量表具有良好的结构效度。

表 5-7　用户持续使用意愿研究相关变量解释的总方差

成分	初始特征值			提取平方和载入			旋转平方和载入		
	合计	方差的(%)	累积(%)	合计	方差的(%)	累积(%)	合计	方差的(%)	累积(%)
1	7.179	42.229	42.229	7.179	42.229	42.229	3.232	19.014	19.014
2	1.414	8.318	50.546	1.414	8.318	50.546	2.412	14.187	33.201
3	1.314	7.732	58.278	1.314	7.732	58.278	2.209	12.992	46.192
4	0.925	5.443	63.721	0.925	5.443	63.721	1.972	11.601	57.793
5	0.797	4.689	68.410	0.797	4.689	68.410	1.805	10.617	68.410
6	0.766	4.506	72.917						
7	0.585	3.443	76.359						
8	0.563	3.309	79.668						
9	0.501	2.946	82.614						
10	0.484	2.847	85.461						
11	0.431	2.534	87.995						
12	0.402	2.367	90.362						
13	0.382	2.245	92.607						
14	0.349	2.053	94.661						
15	0.321	1.887	96.547						
16	0.302	1.776	98.323						
17	0.285	1.677	100.000						

资料来源：笔者根据 SPSS 19.0 软件的运行结果整理所得。

表 5-8 用户持续使用意愿研究中各潜变量的交叉因子载荷

观测变量	潜变量				
	CLI	FOE	PI	LOE	SAT_
CLI1	**0.884**	0.403	0.473	0.439	0.549
CLI2	**0.871**	0.405	0.480	0.425	0.538
CLI3	**0.868**	0.399	0.414	0.457	0.564
FOE1	0.357	**0.799**	0.355	0.468	0.454
FOE2	0.338	**0.813**	0.390	0.421	0.428
FOE3	0.442	**0.880**	0.451	0.497	0.526
PI1	0.293	0.395	**0.650**	0.287	0.377
PI2	0.292	0.354	**0.625**	0.289	0.365
PI3	0.318	0.299	**0.622**	0.278	0.389
PI4	0.467	0.367	**0.838**	0.376	0.518
PI5	0.376	0.290	**0.699**	0.317	0.453
LOE1	0.460	0.490	0.384	**0.908**	0.541
LOE2	0.460	0.526	0.434	**0.918**	0.550
SAT1	0.532	0.503	0.523	0.524	**0.856**
SAT2	0.515	0.510	0.482	0.564	**0.842**
SAT3	0.469	0.457	0.533	0.434	**0.777**
SAT4	0.546	0.419	0.493	0.458	**0.822**

资料来源：笔者根据 SmartPLS 3.0 软件的运行结果整理所得。

4. 共同方法偏差

由于本书采用单一被试方法收集问卷，可能存在潜在的共同方法偏差问题。采用两种方法对数据进行检验。第一种方法是 Harman 的单因子检验法（Philip et al，2003），计算发现，第一个因子的方差解释率为 42.229%，小于 50%，说明数据的共同方法偏差比较小，在可接受范围之内。第二种方法是检验各潜变量之间的相关系数，本书潜变量间的相关系数最大者为 0.703，小于 0.9，表明本书的数据质量良好，可进行下一步的数据分析工作。

三、测量模型检验

本章是探索性研究，所涉及的变量有反映性测量模型和形成性测量模型。因此参照 Hair 等(2013)的方法，运用 SmartPLS 3.0 检验理论模型。

1. 反映性测量模型的信度与效度检验

在研究模型中，期望确认、心流体验和持续使用意愿属于反映性测量模型。在表 5-9 反映性测量模型的参数检验中，显变量的外部载荷系数均达到 0.7 以上，说明显变量因子和题项的相关程度较高，该题项能很好地代表该因子。各变量的 Cronbach's α 系数均值大于 0.7，说明量表具有较高的信度。组合信度(composite reliability, CR)值均大于 0.8，说明量表具有较好的复合信度。聚合效度(average variance extracted,AVE)的值均大于 0.6，说明量表具有较好的收敛效度。在本书构建的反映性测量模型中，基于 Henseler 等(2015)的研究结论，在基于方差估计的结构方程模型中，Heterotrait-Monotrait Ratio(HTMT)准则比 Forner-Lacker 准则、交叉因子载荷准则，更能稳定检验区分效度。可通过对某个潜在变量抽取出来的平均变异数平方根和潜在变量与其他变量间的相关系数获得区别效度。本书的反映性测量模型的 HTMT 中的值在 0.562～0.703 区间中，如表 5-10 所示，矩阵中每个值均小于 0.85，说明本书的反映性测量模型在概念层次上具有较好的区别效度。

表 5-9 用户持续使用意愿研究中反映性测量模型的参数检验

因素	测度项	因子载荷	CA	CR	AVE
期望确认(LOE)	LOE1	0.908	0.801	0.910	0.834
	LOE2	0.918			
心流体验(FOE)	FOE1	0.799	0.777	0.870	0.692
	FOE2	0.813			
	FOE3	0.880			
持续使用意愿(CUI)	CUI1	0.884	0.846	0.907	0.765
	CUI2	0.871			
	CUI3	0.868			

注：CA＝Cronbach's α；CR＝Composite Reliability；AVE＝Average Variance Extracted。

资料来源：笔者根据 SmartPLS 3.0 软件的运行结果整理所得。

表 5-10 用户持续使用意愿研究中反映性测量模型的区分效度

因素	CLI	FOE	LOE
CLI			
FOE	0.562		
LOE	0.612	0.703	

资料来源：笔者根据 SmartPLS 3.0 软件的运行结果整理所得。

2. 形成性测量模型检验

感知交互性和满意度这两个构念属于形成性测量模型。形成性测量模型需要关注两个指标：一是测度项的权重及权重的显著性；二是测度项的多重共线性。其中，形成性测量模型的权重显著性判断指标为 p 值小于 0.05 或 T 值大于 1.96；测度项的多重共线性由显变量间多重共线性（Outer VIF）指标来判断。Diamantopoulos 和 Siguaw（2006）研究证明，若每个测量变量的 VIF 值处于 0.2～5之间，说明显变量间没有显著的多重共线性问题。形成性测量模型检验结果如表 5-11 所示。

表 5-11 用户持续使用意愿研究中形成性测量模型的参数检验

形成性测量指标	因子载荷	方差膨胀因子	外部权重	标准误差	T 值	显著性
PI1→感知交互性	0.650	1.577	0.297	0.049	6.118	***
PI2→感知交互性	0.625	1.674	0.147	0.048	3.049	**
PI3→感知交互性	0.622	1.438	0.145	0.044	3.293	***
PI4→感知交互性	0.838	1.384	0.552	0.043	12.973	***
PI5→感知交互性	0.699	1.465	0.232	0.050	4.675	***
SAT1→满意度	0.856	2.102	0.364	0.041	8.932	***
SAT2→满意度	0.842	2.301	0.245	0.046	5.365	***
SAT3→满意度	0.777	1.787	0.225	0.035	6.473	***
SAT4→满意度	0.822	1.649	0.374	0.034	11.056	***

注：** 表示 0.05 的显著性水平，*** 表示 0.01 的显著性水平。

资料来源：笔者根据 SmartPLS 3.0 软件的运行结果整理所得。

四、结构模型与假设检验

1. 模型拟合度

SmartPLS 3.0 中常用 SRMR 评价模型拟合程度，该值是将残差进行标准化得到的绝对拟合指数。SRMR 对误差模型，即对错误设定的因子相当敏感，0.08 是模型拟合程度好坏的临界值。当 SRMR 值大于 0.08 时，认为模型拟合得不好(即拒绝所拟合的理论模型)，否则就认为模型可接受(温忠麟等，2004)。软件计算得到本模型的 SRMR 值为 0.079，小于 0.08，说明结构模型与数据的拟合程度较好。

2. 结构变量因果关系检验

本书采用偏最小二乘法结构方程模型(PLS-SEM)估计法，运用 SmartPLS 3.0 软件，用 Bootstrapping 抽样技术进行统计推断，将抽样值设置为 5000，选择 0.05 的显著性水平做双尾检测，采用百分位引导的置信区间法，对本书概念模型中的各研究假设进行验证。表 5-12 显示了 PLS 假设检验结果，检验结果表明，感知交互性对心流体验有显著影响(路径系数为 0.483，$p<0.001$)，对持续使用意愿影响显著(路径系数为 0.196，$p<0.001$)，对满意度影响显著(路径系数为 0.431，$p<0.001$)；期望确认对感知交互性有显著影响(路径系数为 0.449，$p<0.001$)，对满意度也有显著影响(路径系数为 0.404，$p<0.001$)；满意度对持续使用意愿的影响显著(路径系数为 0.445，$p<0.001$)；心流体验对持续使用意愿有显著影响(路径系数为 0.113，$p<0.001$)。7 条假设都得以验证，均在 0.01 水平显著。

表 5-12　用户持续使用意愿研究中相关变量假设检验结果

假设	路径	路径系数	*T* 值	显著性	检验结果
H1	感知交互性→心流体验	0.483	17.812	* * *	成立
H2	感知交互性→持续使用意愿	0.196	5.660	* * *	成立
H3	感知交互性→满意度	0.431	15.831	* * *	成立
H4	期望确认→感知交互性	0.449	15.906	* * *	成立
H5	期望确认→满意度	0.404	15.918	* * *	成立
H6	满意度→持续使用意愿	0.445	11.623	* * *	成立
H7	心流体验→持续使用意愿	0.113	3.400	* * *	成立

注：* * * 表示 0.01 的显著性水平。

资料来源：笔者根据 SmartPLS 3.0 软件的运行结果整理所得。

3. 控制变量影响分析

将用户性别、年龄、学历作为控制变量，研究其对模型的影响。经过统计分析之后，各个控制变量对持续使用意图的影响见表 5-13。结果表明，性别对用户持续使用意愿有显著正向影响，并在 0.05 水平显著；年龄和学习对用户持续使用意愿没有显著影响。

表 5-13 用户持续使用意愿研究中控制变量的影响检验结果

假设	路径	路径系数	*T* 值	显著性	检验结果
性别	性别→持续使用意愿	0.060	2.730	* *	成立
年龄	年龄→持续使用意愿	0.015	0.623	ns	不成立
学历	学历→持续使用意愿	0.005	0.199	ns	不成立

注：* * 表示 0.05 的显著性水平；ns 表示不显著。

资料来源：笔者根据 SmartPLS 3.0 软件的运行结果整理所得。

4. 路径图和结构变量间作用效应

结构变量标准化路径系数图用于直观反映各变量结构间的关系，运用 SmartPLS 3.0 软件，得出如图 5-2 所示的路径图，该图清晰地标识出各个变量之间的关系及其关键系数。心流体验、感知交互性和满意度直接显著正向影响用户持续使用意愿；感知交互性和期望确认直接显著正向影响用户满意度；期望确认直接显著正向影响感知交互性；感知交互性直接显著正向影响心流体验；性别直接正向影响用户持续使用意愿。模型中，持续使用意愿、满意度、感知交互性、心流体验 4 个内生潜变量的方差解释比例分别为 43.8%、50.6%、20.1%和 23.3%，表明内在模型的解释力较好，本书模型捕获到了影响用户持续使用意愿的重要因素。

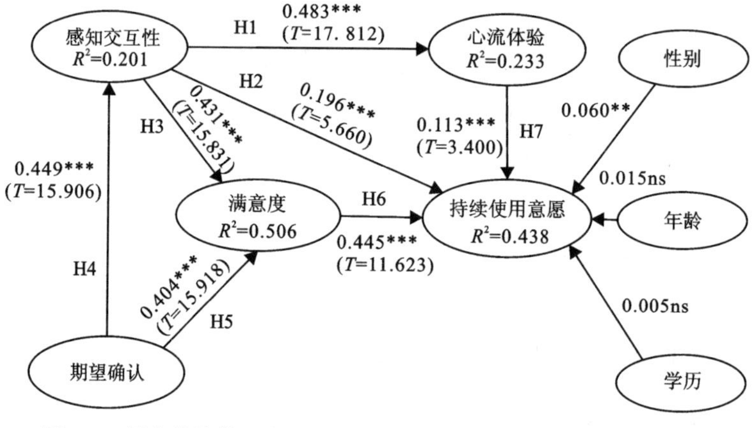

图 5-2 用户持续使用意愿研究的结构方程模型标准化路径系数图

注：路径系数显著性为 * * * $p<0.001$，* * $0.001\leq p<0.01$，ns $p\geq0.05$。

资料来源：笔者根据 SmartPLS 3.0 软件的运行结果整理所得。

五、中介效应分析

本书采用 Zhao 等(2010)提出的中介效应检验方法，运用 SPSS 19.0 软件的 BootStrap 法分别检验心流体验和满意度在感知交互性与持续使用意愿之间、感知交互性在期望确认与满意度之间的中介效应，并将性别、年龄和学历等人口统计变量作为控制变量，根据间接效应在 95％置信区间是否包括 0 来判断中介效应是否显著。检验结果如表 5-14 所示，在路径"感知交互性→心流体验→持续使用意愿"中，感知交互性对心流体验效应为 0.590，95％置信区间为(0.528，0.653)，不包含 0；感知交互性对持续使用意愿效应为 0.609，95％置信区间为(0.546，0.672)，不包含 0；感知交互性和心流体验对持续使用意愿效应分别为 0.436 和 0.293，95％置信区间为(0.367，0.504)和(0.238，0.349)，不包含 0。它们均通过显著性检验。由于 0.436＜0.609，故心流体验在路径"感知交互性→心流体验→持续使用意愿"中起到部分中介效应。同理，满意度在路径"感知交互性→满意度→持续使用意愿"中起到部分中介效应；感知交互性在路径"期望确认→感知交互性→满意度"中也起到部分中介效应。

表 5-14　用户持续使用意愿研究模型中中介变量分析

中介路径		PI→FOE→CUI			PI→SAT→CUI			LOE→PI→SAT		
		效果	95％置信区间		效果	95％置信区间		效果	95％置信区间	
			下限	上限		下限	上限		下限	上限
$X\rightarrow M$		0.590	0.528	0.653	0.639	0.589	0.690	0.338	0.297	0.379
$X\rightarrow Y$		0.609	0.546	0.672	0.609	0.546	0.672	0.509	0.470	0.548
X、$M\rightarrow Y$	$X\rightarrow Y$	0.436	0.367	0.504	0.227	0.158	0.295	0.360	0.322	0.399
	$M\rightarrow Y$	0.293	0.238	0.349	0.597	0.534	0.660	0.441	0.392	0.491
检验结果		部分中介效应			部分中介效应			部分中介效应		

注：PI 为感知交互性；FOE 为心流体验；CUI 为持续使用意愿；SAT 为满意度；LOE 为心流体验。

资料来源：笔者根据 SPSS 19.0 软件的运行结果整理所得。

第五节　研究结果讨论

本章以 Bagozzi 的自我调节框架为基础，整合信息系统持续使用理论和心流体验，分析"环境—人"的作用关系，构建用户持续使用意愿概念模型，研究虚拟学习社区用户持续性学习机制，以中国大学 MOOC、知乎社区、中国专业 IT 社区

(CSDN)和果壳社区为例,采用 PLS-SEM 检验研究模型。实证分析结果表明,本书构建的模型对用户持续使用意愿的方差解释达到 43.8%,具有较好的解释性。本书的主要研究发现如下:

(1)本书综合生态学习观中个体与环境的给养关系以及类似平台用户满意度的研究成果,将信息系统持续使用模型中的满意度定义从单个维度拓展到多个维度,从内容满意、过程满意、情感满意、结果满意 4 个方面测量用户满意度,丰富满意度的内涵。本书涉及感知交互性和满意度这两个形成性测量模型,在 SmartPLS 3.0 软件中都通过了多重共线性检验和权重系数显著性检验。因此,本书与 Hernandez 等(2011)、Buil 等(2012)关于满意度的研究结论一致,虚拟学习社区用户的学习动机不仅来自内部的知识渴求,还来自学习过程愉悦等情感性需求,因此,虚拟学习社区用户满意度的定义与测度应随着技术的发展、学习者预期的变化而有所变化。本书在量表层面丰富和发展满意度的定义与测量能较好地契合虚拟学习社区用户的实际变化,由此得来的研究结论更有现实意义。

(2)在用户评估阶段,有两个重要影响因素:感知交互性和期望确认。其中感知交互性直接显著正向影响心流体验(0.483),感知交互性也直接正向影响用户持续使用意愿(0.196),同时,感知交互性还直接正向影响满意度(0.431)。假设 1、假设 2 和假设 3 都得到了证实。该结论进一步证实良好的用户交互式学习体验,会促使用户产生心流体验,在体验中获得认知满足和情感满足,感知交互性也直接正向作用于用户的持续使用意愿。同时也支持了 Csikszentmihalyi(1975)、Rodrı′guez-Ardura 和 Meseguer-Artola(2016)、Xu 等(2019)的研究,感知交互性对用户心流体验、满意度和持续使用意愿有积极影响。期望确认直接显著正向影响感知交互性(0.449),也直接显著正向影响满意度(0.404)。假设 4 和假设 5 都得到了证实。这意味着用户若能在使用社区的过程中获得比预期好的体验与比预想大的收获则会提高用户对社区的感知交互性体验与使用后的满意度。这一研究结论与 Chang 和 Zhu(2012)的研究结果一致。研究结果表明,用户的期望确认对感知交互性和满意度有显著的积极作用。

(3)在用户情感反应阶段,有两个重要影响因素:满意度和心流体验。满意度直接显著正向影响用户持续使用意愿(0.445)。假设 6 得到了证实。研究模型中,感知交互性、心流体验都直接显著正向影响用户满意度,但在直接作用效应中,满意度的直接作用效应最大,说明以 Bagozzi 的自我调节框架为基础分析用户的持续使用意愿,满意度仍是情感反应层面中最重要的影响因素。这意味着，当用户在虚拟学习社区使用过程中认为系统在认知层面和情感层面对自身有帮助，能获得有用的知识，结识朋友，提高知识获取效率，用户对社区的满意度会显著增强用户的持续使用意愿。这一结论与张薇薇和柏露(2017)、甘春梅等(2018)的研究一致，以上结论进一步验证了满意度对用户持续使用意愿的显著积极影响。心流体验直接显著正向影响用户持续使用意愿(0.113)。假设7得到了证实。本书与Guo等(2016)以及Cheng(2014)的研究结论一致，该结论进一步验证了在虚拟学习社区情境下，用户心流体验显著正向影响用户持续使用意愿。

(4)本书中的人口统计学变量：年龄、学历等对用户的感知交互性的作用效果不显著，但性别对用户持续使用意愿在0.05水平显著。因此，提高社区中用户的持续使用意愿需要考虑性别的差异性，针对不同的用户提供不同的激励机制，发挥心流体验、感知交互性和满意度的积极作用。这一结论与Mouakket(2017)、陈昊等(2016)的研究结论一致。关于学历和年龄对持续使用行为的影响，张珠龙(2013)分析的是用户的行为数据，发现在网络学习社区中，学历层次较高组和年龄段较高组的用户学习持续性较高，与本书的研究结论不一致，这说明用户从持续使用意愿和持续使用行为之间的转化还有差距，未来可以深入分析用户持续使用行为的影响因素。

(5)通过结构方程模型的中介效应检验发现并识别出3条影响用户持续使用意愿和满意度的重要中介效应：心流体验在促进感知交互性对持续使用意愿的影响中起到部分中介效应；满意度在促进感知交互性对持续使用意愿的影响中起到部分中介效应；感知交互性在促进期望确认对满意度的影响中起到部分中介效应。4个自变量之间的互相作用中，感知交互性对用户持续使用意愿的总效应最大(0.548)，其次是满意度(0.514)和期望确认(0.372)，心流体验对用户持续使用意愿的总效应最小(0.115)。这一结论与张璇和吴清烈(2010)、陈瑶(2011)、唐莉斯等(2012)研究结论一致，在移动网络、社交网络支持的信息系统中，用户感知有用性可能已经不再是显著影响用户满意度的重要因素。

综上所述，本书构建的理论模型，从用户体验视角发展了信息系统持续使用理论模型，丰富了满意度的定义与内涵，验证了期望确认和满意度对用户持续使用意愿的重要作用，发现并验证了感知交互性和心流体验对用户持续使用意愿的积极作用。

第六节 本章小结

本章基于信息系统持续使用模型和心流体验，以 Bagozzi 的自我调节框架为分析基础，重点从评估反应、情感反应和应对反应 3 个方面分析“环境—人”的态度与行为作用关系，分析感知交互性对用户持续使用意愿的影响，重点关注以用户体验为核心的、影响用户持续使用意愿的关键因素和相互作用关系。

本章综合生态学习观中个体与环境的给养关系以及类似平台用户满意度的研究成果，将信息系统持续使用模型中的满意度定义从单个维度拓展到多个维度，根据第三章理论分析给出的虚拟学习社区用户知识学习的微循环模型，给出持续性学习的用户学习机制研究模型，分析 1172 份有效问卷中关于用户持续使用意愿研究的测量问项，通过一系列的数据质量分析，检查并验证了数据的可靠性和准确性；利用 PLS-SEM 检验测量模型和结构模型。

实证分析结果表明，感知交互性直接显著正向影响用户的心流体验，心流体验正向影响用户的持续使用意愿；感知交互性直接显著正向影响用户的满意度和持续使用意愿，期望确认正向影响用户的感知交互性和满意度，满意度正向影响用户的持续使用意愿。用户的年龄、学历等控制变量对用户持续使用意愿的作用效果不显著，性别这个控制变量在 0.05 水平下，显著影响用户的持续使用意愿。利用 BootStrap 法分析中介效应，验证了 3 条中介效应：心流体验在感知交互性对持续使用意愿的影响中发挥中介效应；满意度在感知交互性对持续使用意愿的影响中发挥中介效应；感知交互性在期望确认对满意度的影响中发挥中介效应。

综上所述，本章详细阐述了用户持续使用意愿的理论分析和实证验证过程。研究发现并验证了用户交互式体验和沉浸体验对持续性学习的积极影响。虚拟学习社区的发展离不开用户的参与和支持，本章关注新技术带给用户体验的变化对持续使用意愿的影响，对于增强用户与平台的黏性、防止用户流失、保证平台可持续健康发展具有实践指导意义。

第六章　虚拟学习社区用户学习绩效研究

在第五章系统分析虚拟学习社区用户持续使用意愿后，本章着重从“行为—人”的作用关系角度，分析用户学习机制层次塔模型中的第三阶段：用户学习绩效。本章以绩效函数和社会认知理论为基础，研究用户特征、持续使用意愿和行为对学习绩效产生的影响，从过程视角构建用户学习绩效研究模型，用结构方程方法分析并验证模型，量化研究各因素对学习绩效的影响。

第一节　研究问题描述

虚拟学习社区为学习者提供了时时可学、处处能学的学习环境，是用户实现个人成长、终身学习的服务平台。“云＋网＋端”等新技术的应用，不断扩大了社区的服务边界，社区在构筑终身学习服务环境中的作用越来越凸显，越来越多的人主动在虚拟学习社区注册学习。然而，很多课程类虚拟学习社区只有将近一成的用户完成课程学习，获得课程成绩；很多技术、兴趣类主题的虚拟学习社区用户淹没在信息的海洋中，只是简单地浏览知识，没有将社区的信息吸收为个体成长的知识，也没有为社区输入有价值的知识。因此，如何将用户的持续性使用转化为用户的学习绩效，是一个值得研究的现实问题，然而在第二章第四节的文献分析中，发现已有文献从过程性视角分析虚拟学习社区用户学习绩效的实证研究较少，因此，本书旨在探索持续使用对学习绩效的作用关系，从过程视角揭示学习绩效的形成机理。

用户学习绩效是用户学习机制层次塔模型中的第三个阶段，学习绩效是用户在与环境的交互学习过程中持续努力的结果，该阶段重点研究“过程—结果”的影响，因此，本章将持续性使用意愿和行为作为自变量，通过重点分析用户行为对个人成长的影响，研究虚拟学习社区用户学习绩效。本章的研究问题主要包括两个方面：一是以个体特征和用户行为角度分析影响用户学习绩效的关键变量有哪些；二是这些关键变量间的相互作用路径是怎样的。

第二节 变量的定义与维度分析

一、持续使用行为

Gagné(1985)指出“人的学习是一个信息加工过程”。人们在虚拟学习社区中只有经过一个持续的信息加工学习过程才能取得满意的学习绩效。邓运(2013)在研究虚拟社区用户的持续参与行为时，将用户最初使用社区强度、使用频率、参与社区的个数以及在社区中停留的时间作为持续参与行为的观测指标。杨文正等(2015)在研究数字教育资源用户持续使用行为时，将其定义为用户在一段时间内连续使用数字资源并打算一直将其用于自己实际教学和学习过程中的真实行动。王哲(2017)在分析知乎用户的持续使用行为时，将其定义为用户持续不断地使用知乎的实际行为，针对该变量提出使用多久、近期使用频率、平均单次使用持续时间 3 个题项。基于以上文献基础，本书将持续使用行为定义为个体自发产生的以知识的学习、应用和迁移来获取学习绩效的一系列持续性的学习行为。持续使用行为可以从广度、频度和深度三方面衡量(表 6-1)。持续使用行为的广度是指用户使用虚拟学习社区平台进行学习后仍能够再次使用该平台学习所持续的时间，这是与长期持续时间相关的量；持续使用行为的频度是指用户实际每天使用虚拟学习社区平台学习的频次，这是与持续使用频次相关的量；持续使用行为的深度是指用户平均每次登录后能够在社区中持续学习的有效时间，这是与每次使用时长有关的量。

表 6-1 持续使用行为量表

维度	序号	题项
广度	1	使用虚拟学习社区至今已有多久
频度	2	大概一天登陆几次虚拟学习社区
深度	3	在虚拟学习社区中每次持续学习时间大约是多久

资料来源：笔者根据相关文献整理。

二、在线学习能力

能力是人在行动中表现出的驾驭某种活动的实际本领，是促使社会发展和人类进步的积极力量，人的能力是在长期实践活动中习得与发展的。21 世纪，人们进入知识经济时代，知识更新速度非常快，人们只有不断学习，才能跟上日新月异的新技术发展。虚拟学习社区成为人们知识更新的服务平台，越来越多的人在虚拟学习社区中开展知识学习、知识创新活动，在线学习能力是终身学习社会中人们不可缺少的基本素质。

在线学习能力是一个多维度、多层次的结构复杂的心理现象。不同学科对学习能力的概念和内涵解释各有侧重，不尽相同。

在管理学中，Einhorn 和 Hogarth(1981)以及 Libby(1983)提出绩效函数，从信息加工视角，将能力定义为完成信息编码、检索和分析任务的能力，认为能力是判断绩效的变量。陈国权(2008)将学习型组织中学习的相关定义推广到个人层面，将个人学习能力定义为个人在不断变化的环境中不断获取知识、改善行为、提升素质，以保持自身良好生存和健康发展的能力，并从发现能力、发明能力、选择能力、执行能力、推广能力、反思能力、获取知识能力、输出知识能力和建立知识库能力 9 个方面给出了复杂变化环境下的个人学习能力模型。

教育学领域中，世界各国提出的 21 世纪学习技能包括信息技术素养、思维技能、沟通能力、问题解决能力等。通过创新教育培养 21 世纪的学习技能，特别是利用信息技术培养学生的创新思维，是教育技术领域面向 21 世纪新的教育需求。杨素娟(2009)认为相比传统课程教学，在线学习能力对保证在线学习的质量至关重要，在线学习能力可由元认知能力、学习策略水平、知识迁移能力、信息素养和学习资源管理能力 5 个维度表征。对于在线学习这一情境，信息素养和学习资源管理能力是开展在线学习不可或缺的能力，是保证学习成功的重要条件。

从普通心理学的角度看，能力相当于技能。技能是人在活动中运用有关的知识经验，通过练习而形成稳定的、复杂的动作方式系统，这里的动作是广义的，既包括外显的实际操作，也包括内隐的智力动作。技能按其性质和特点可以分为动作技能、智力技能两类。智力技能是借助内部语言在头脑中进行动作的方式或智力活动方式，包括感知、记忆、想象、思维，但以抽象思维为其主要成分。因此，Einhorn 和 Hogarth 及 Libby 绩效函数中的能力应属于智力技能范畴，智力技能就是程序性知识。内隐的智力能力对应于组织行为学中的获取知识的能力、输出知识的能力，教育学中的信息素养；外显的操作能力也就是陈国权关于复杂环境中个人学习能力中的建立知识库能力，这一涵义与杨素娟关于在线学习能力中的学习资源管理能力相一致。

综合上述对学习能力概念内涵的定义，笔者认为，学习能力包括内隐的智力能力和外显的操作能力，是学习个体的综合素质在学习过程中表现出来的、完成学习任务的实际本领和熟练水平，是影响个体发展和学习目标达成的积极力量。针对虚拟学习社区这一线上学习系统，本书将在线学习能力定义为学习个体在完成学习任务的过程中所调用的内隐智力能力和目标达成中表现出的外显操作能力。如表 6-2 所示，内隐的智力能力是指学习个体具备运用科学的学习策略获取信息，发布信息和利用信息的能力，同时，能根据社区环境和要求，积极调节自身状态适应在线学习方式；外显的操作能力是指学习个体在学习中表现出的学习资源管理能力，能利用社区提供的个性化知识管理工具管理学到的知识内容。

表 6-2　在线学习能力量表

维度	序号	题项
内隐的智力能力	1	具备获取信息、发布消息和交流协作等相关的信息技术技能
	2	掌握了社区中学习的方法和规则，很适应这样的学习方式
外显的操作能力	3	能利用社区提供的个性化知识管理工具管理学到的知识内容

资料来源：笔者根据相关文献整理。

三、学习绩效

从管理学的角度理解绩效，它包含两方面：一方面是工作的结果，即在工作中实际产生的效果，是可以量化的静态的工作结果；另一方面是完成工作的过程效益，即在工作中影响结果的相关因素，如行为、技能、能力等动态的过程内容。学习绩效是指学习者在一定条件和时间下完成某一学习任务所取得的业绩、效果和效益。针对学习绩效，不同的学者给出了不同的定义和测度。

有的学者采用客观的测量方法，将学习绩效简单地理解为学习结束后的总结性判断。Castillo-Merino 和 Serradell-López（2014）将在线课程的考试成绩定义为学习绩效，实证研究结果表明，该变量受到学生的能力和态度、教与学的方法论、ICT 工具的使用和学生参加课程并通过考试的实际动机的影响。张向民（2017）用学习管理系统中学生的期末成绩衡量学习绩效，期末成绩是整门课程所表现的累积分数。

有的学者注重学习的过程累积，用客观的测量方法，将学习绩效理解为一系列学习行为所产生的学习结果。Yong 等（2016）通过学习者基于博客的课程活动评估学习绩效，这些活动包括发布内容、评论他人的帖子、作业、中期报告、期末报告和演示文稿。

有的学者依靠主观的自我报告的方法评估学习绩效。王冬(2008)将学生在一定时间内通过学习所产生的时间维度、行为维度和素质维度上的变化定义为学习绩效。潘丽佳(2015)将在线学习绩效分为素质维度、长期维度和行为维度3个方面。素质维度是指学习者在学习过程中所获得的知识、专业技能和行为态度等方面的综合变化;长期维度是指学习对未来的长期影响;行为维度是指可通过学习者行为观察到的学习结果。李小娟等(2017)从网络学习自我效能感、自主学习能力和知识建构水平三方面测量在线学习的学习绩效。Lohmann等(2019)将在线商务模拟团队的个人学习绩效定义为学习者批判性思维、解决问题、跨职能决策技能和人际交往技能的提升。用自我评估的综合评估方式虽然不如用一个统一标准的评判标准客观,但是能尊重学习者的知识基础,能力基础、让个人在评估中比较反思学习前后的效率、效益、效果的变化。

有的学者用客观和主观相结合的方法评估学习绩效。Shaw(2013)用期末成绩和满意度测量学习者基于论坛的编程语言课程学习绩效。期末成绩是指测试学生的实际编程能力的期末考试的分数;满意度由调查问卷获得学习者对学习效率和效果的满意度。Kayade等(2014)根据学习者的主观满意度和客观学习成果衡量在线和混合学习环境中的学习绩效。Shaw、Kayade等学者从主、客观两方面评价学习者对学习目标的达成情况,关注的是学习者的任务达成绩效。杨根福(2015)将学生对学习能力与效率提升的感知定义为学生学习绩效,具体包含学生的学习效率、课程成绩、自主安排学习、协作学习能力等多方面。程艳等(2011)综合学习者知识水平、学习积极性和能力水平评价虚拟学习社区学习者学习绩效。知识水平由学生的平时成绩和期中成绩衡量,学习积极性由学习者学习活动情况判断,具体包括学习者浏览教材时间、浏览教辅资料时间和参与讨论发表三方面,学习能力水平由个人学习能力和合作学习能力衡量。杨根福、程艳等学者基于虚拟学习社区的社会学属性,关注了社区对学习者协作交流等合作学习能力的提升,将学习绩效从关注单一维度的任务绩效拓展为关注任务绩效和社会绩效的综合绩效。王冬、潘丽佳、Lohmann和Pratt等学者认为,虚拟学习社区不仅能促进学习者任务达成、协作能力提升,还能发展学习者的信息素养和沟通协作能力,学习是汲取他人知识的养分,通过自我构建,将已有知识构建吸收升华并外化为可传播分享的知识,如果知识被采纳,则学习者完成了知识的创新过程,获得了创新绩效。因此,素质维度、创新维度也是学习绩效测量的一部分。

在知识时代，虚拟学习社区成为大众终身学习的服务平台，能帮助学习者优化知识构建方式、提高协作交流能力、培养高阶素质能力。综合上述研究成果，本书将学习绩效定义为学习者经过一定的学习努力所获得的能力提升结果。拟采用自我评估的主观方式，用问卷的形式，从任务绩效、社会绩效、创新绩效、素质绩效四方面综合测量虚拟学习社区的学习绩效，如表 6-3 所示。

表 6-3　学习绩效量表

维度	序号	题项
任务绩效	1	通过在社区中的学习，自己的专业知识技能得到了提升
社会绩效	2	通过在社区中的学习，自己结识了很多朋友
创新绩效	3	在社区的学习过程中，自己提出的观点能够得到其他参与者的认可
素质绩效	4	通过在社区中的学习，自己上网查找资料的能力有所提高

资料来源：笔者根据相关文献整理。

第三节　研究假设与模型构建

一、自我效能对期望确认、持续使用意愿和学习绩效的影响

自我效能感是社会认知理论中关于个体认知的重要概念之一。Bandura (1977)指出自我效能感是个人对自身能否利用技能去完成工作的自信程度。Bandura(1999)研究发现，自我效能感决定人们如何感觉、思考、激励自己的行为。对行动能力越有信心的人，对结果的预期越高，积极的预期会强化个人行为。自我效能感会影响一个人对任务的努力程度、坚持性、表达的兴趣以及为完成任务而选择的目标难度水平。学习者在使用虚拟学习社区平台前，结合学习目标，有一个初始期望，使用后，对使用效果有一个经验性的感知认识，这种使用前期望和使用后效果评价之间的差距，称之为期望确认。Shea 和 Bidjerano (2010)基于探究社区理论框架(the community of inquiry framework，CoI)，发现在以技术媒介为支撑环境的知识建构中，自我效能对于描述、解释积极和成功的学习者是至关重要的，基于此，本书将自我效能作为期望确认的前置变量，提出假设：**H1a 虚拟学习社区用户自我效能感显著正向影响期望确认。**

Bhattacherjee 等(2008)从用户的个体差异和外部环境因素拓展了 ECM-ISC

模型,发现 IT 自我效能感对用户的持续使用意愿有显著正向影响。Zhang 等(2012)在调研香港大学两个非全日制研究生论坛的 144 名用户时,也得到相同的结论。Tang 等(2014)研究发现,在博客学习中,用户的自我效能对提高用户持续使用意愿有积极影响。Cheung 和 Vogel(2013)研究表明,在 Google 应用的合作学习情境下,自我效能感正向影响用户使用意愿。在线论坛、博客学习都是虚拟学习社区在线服务的一种。以上研究结果表明,在虚拟学习社区情境下,提高用户的自我效能感能有效提升用户的持续使用意愿,基于此,本书提出假设:**H1b 虚拟学习社区用户自我效能感直接显著正向影响用户持续使用意愿**。

学习者的自我效能低下会导致目标模糊,对知识的学习仅停留在表层,不能进行深层次信息加工,影响知识技能的提升,学习绩效也较低。李小娟等(2017)研究发现,混合式学习平台中学生自我效能感正向影响学习绩效。Lane 和 Lane(2002)调研 76 名研究生在学术情境中的学习绩效,回归结果显示,自我效能感对学业成绩有显著正向影响。因此,自我效能对学习绩效有积极影响,基于此,本书提出假设:**H1c 虚拟学习社区用户自我效能感直接显著正向影响用户学习绩效**。

二、期望确认对满意度的影响

满意度是指用户在虚拟学习社区学习后,对其学习体验以及学习结果的满意程度。当预期被满足,会形成高的期望确认度,学习者会比较满意;反之则形成低期望确认度,用户没有得到满足,满意度会比较低。Bagozzi(1992)在自我调节框架中详细论述了期望确认对满意度的影响。戴心来等(2017)研究发现,MOOC 平台中期望确认度对满意度有积极影响。因此,提高虚拟学习社区用户的期望确认度对用户满意度有积极影响,本书提出假设:**H2 虚拟学习社区用户期望确认直接显著正向影响用户满意度**。

三、满意度对持续使用意愿和学习绩效的影响

学习是一个持续不断的过程,满意度是其当前学习状态的综合反映,持续使用意愿指用户认为自己未来将继续使用的可能性或意愿。满意度越高的用户,在社区继续学习的意愿越强。很多学者都已验证在信息系统及移动平台中,满意度对用户持续使用意愿的积极影响。Bagozzi(1992)在自我调节框架中详细阐述了满意度对持续使用意愿的正向作用。Bhattacherjee(2001)在提出的信息系统持续使用模型中也验证了用户满意度显著正向影响用户的持续使用意愿。

Zhang 等(2012)研究发现,在线讨论论坛中用户满意度正向影响用户的持续使用意愿。Alraimi 等(2015)也已验证在 MOOC 平台中,满意度对继续学习意愿有正向影响作用。Ooi 等(2018)研究发现,移动社交学习平台中,用户满意度显著正向影响用户持续使用意愿。虚拟学习社区综合了在线学习平台和社交平台的特性,基于此,本书提出假设:**H3a 虚拟学习社区用户满意度显著正向影响用户持续使用意愿**。

虚拟学习社区中满意度高的用户更愿意持续学习,对学习绩效具有促进作用。很多学者的研究证明了满意度与学习绩效之间存在显著正向关系。杨根福(2015)研究大学生利用网络教学平台开展混合学习的课程学习绩效,实证研究结果表明,满意度直接正向影响学习效果,基于此,本书提出假设:**H3b 虚拟学习社区用户满意度直接显著正向影响用户学习绩效**。

四、在线持续使用意愿对持续使用行为的影响

Ajzen(2002)提出计划行为理论,证明行为意愿是行为的前置变量。Venkatesh 等(2003)有效整合理性行为理论(TRA)、计划行为理论(TPB)、计算机使用模型(MPCU)、技术接受模型(TAM)、社会认知理论(SCT)、创新扩散理论(IDT)、TAM 与 TPB 模型(C-TAM-TPB)、动机模型(MM)中的优点和特性,提出整合型技术接受与使用模型 UTAUT,该模型也验证了行为意愿正向影响用户行为。Bhattacherjee 等(2008)扩展了信息技术连续性研究的理论边界,验证了信息系统中用户的持续使用意愿显著正向影响持续使用行为。方旭(2015)验证了 MOOC 平台中用户的学习意愿越强,越会发生更多的学习行为,行为意愿与行为显著正相关。王钱永和毛海波(2016)用多元回归的方法也验证了 MOOC 平台学生学习意愿是影响学生 MOOC 学习行为的核心因素,基于此,本书提出假设:**H4 虚拟学习社区用户持续使用意愿显著正向影响用户持续使用行为**。

五、持续使用行为对学习绩效的影响

学习绩效是用户持续努力过程的结果,用户的持续使用行为对学习绩效有积极作用。李小娟等(2017)分析清华教育在线网络学习平台中 89 名学生历时 6 个月学习一门专业主干课的在线学习行为数据,发现学生的在线学习行为正向影响学习绩效。张向民(2017)研究 BlackBoard 平台中用户学习行为数据,发现学生访问教学大纲的频率与期末成绩显著正相关,讨论区发帖的频率与期末成绩在 0.05 水平上显著正相关。浏览网站内容和发帖行为的高频率发生都是学

习持续发生的一种表现。Castillo-Merino 和 Serradell-López(2014)研究加泰罗尼亚开放大学的在线学生的学习行为,发现持续使用的时间深度正向影响学习绩效。Gamulin 等(2016)挖掘 Moodle 平台中学生访问平台的时间序列日志文件,发现访问数据包含的信息足以成功预测混合学习课程中学生的最终成绩,这也印证了用户使用平台的时间广度对用户的学习绩效正向作用关系。本书从用户持续使用平台的广度、频度、深度三方面综合衡量用户的持续使用行为,基于此,本书提出假设:**H5 虚拟学习社区用户持续使用行为显著正向影响用户学习绩效**。

六、在线学习能力对持续使用行为和学习绩效的影响

绩效函数指出了学习能力与学习绩效之间的相关性。郑勤华等(2013)将自主学习能力定义为学习者有意识地计划、控制、调节和评价学习各阶段的心理状态,从而完成学习任务,达到学习目标的能力。研究发现自主学习能力能解释学习成绩总变异量的 1.3%,自主学习能力与学习总成绩显著正相关。Castillo-Merino 和 Serradell-López(2014)研究证实学生使用 ICT 的能力会显著影响学习绩效。结合本书给出的在线学习能力定义,郑勤华等验证了在线内隐的智力能力对学习绩效的显著正向影响,Castillo-Merino 和 Serradell-López 验证了外显的操作能力对学习绩效的正向影响。李小娟等(2017)分析用户学习行为数据,发现学生的自主学习能力和知识构建水平正向影响学习绩效,其中,自主学习能力是指学生的线上阅读行为和总结反思行为,知识构建水平指互动交流行为和研究协作行为,李小娟等验证了外显的操作能力对学习绩效的正向影响。本书将内隐的智力能力和外显的操作能力定义为用户学习能力,综合以上分析,本书提出假设:**H6a 虚拟学习社区用户在线学习能力显著正向影响用户学习绩效**。

综上所述,用户只有具备了一定的在线学习能力,才能自如地开展在线学习,在学习中不断提高在线学习能力,不断促使用户继续学习。张晓娟和周学春(2016)、刘花和周学春(2016)以百度百科虚拟社区为研究情境,通过问卷调查的方法收集 153 份百度百科词条编辑者的有效问卷,实证分析结果表明,用户能力直接显著正向影响用户的知识贡献行为,其中用户能力包含用户能在社区中很好地参与到话题的编辑讨论、知识的分享,具备讨论相关话题和知识的能力。周学春团队对用户能力的定义涵盖了本书中的在线学习能力和自我效能感两个概念,基于此,本书提出假设:**H6b 虚拟学习社会用户在线学习能力显著正向影响用户持续使用行为**。

七、控制变量

很多研究者关注学习者性别、年龄和学历对用户学习绩效的影响。郑勤华等(2013)研究发现,性别差异能影响学习者学习成绩总变异量的0.2%,是影响学习成绩的显著因素。学习者的年龄对其学习成绩没有显著影响。中职相对于高中类型,对学生学习成绩的影响是显著的且系数为负。Diep等(2016)用层次多元回归法分析比利时弗兰德斯成人教育中心181名成人学习者,数据分析结果表明,学历较低者是在线学习的最积极参与者,获得高级中学文凭的参与者的平均分比那些受过高等教育的人高0.75倍。李定(2011)研究发现,在线学习网站中性别、年龄对用户的知识获取影响不显著。以上学者的研究结论不尽相同,因此,将性别、年龄和学历作为本章研究模型的控制变量,研究其对学习绩效的影响。

八、研究模型构建

本书结合社会认知理论和绩效函数,从个体特征、环境感知和持续性意愿与行为等方面选取研究变量,从学习过程视角,重点关注"行为—人"的作用关系,在以上系统分析相关文献及本书的假设基础上,以学习绩效为因变量,以自我效能感、期望确认、满意度、持续使用意愿、持续使用行为及在线学习能力为自变量,提出如图6-1所示的虚拟学习社区用户学习绩效研究模型。为了分析个体之间是否存在显著性差异,纳入了性别、年龄和学历等人口统计学变量作为模型的控制变量。

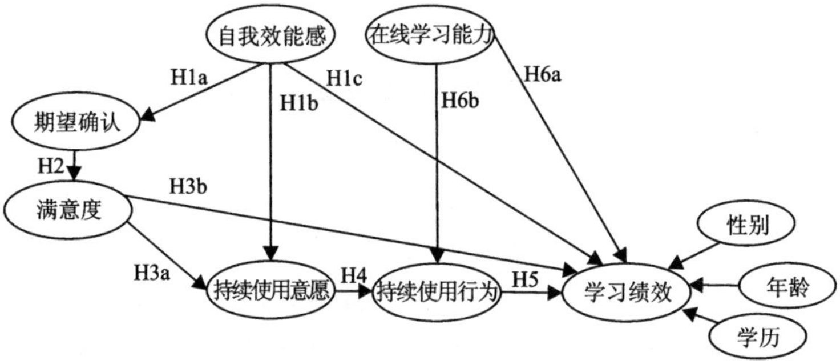

图6-1　虚拟学习社区用户学习绩效研究模型

第四节　研究方法与实证分析

一、相关变量的研究量表

本书的调查问卷包括基本信息和主体内容两部分，其中主体问卷采用李克特(Likert)5级量表进行设计。研究模型涵盖的7个变量来源于已有研究的成熟量表。考虑到量表多为英文，采用“回译法”保证翻译的有效性，生成中文量表。结合理论分析，提出本书所有变量的操作性定义及文献来源，汇总如表6-4所示，其中期望确认、满意度和持续使用意愿变量是本书第五章实证分析中的相关变量。这些变量的概念在第五章第二节和第六章第二节已有详细的分析与说明。

表6-4　虚拟学习社区用户学习绩效研究模型中相关变量的测度项与来源

<table>
<tr><th>变量</th><th>测度项</th><th>测度项来源</th></tr>
<tr><td rowspan="3">自我效能感(SE)</td><td>SE1 能独立使用虚拟学习社区</td><td rowspan="3">Bhattacherjee et al, 2008;
Tang et al, 2012</td></tr>
<tr><td>SE2 有能力完成虚拟学习社区的任务</td></tr>
<tr><td>SE3 对完成虚拟学习社区中任务的能力充满信心</td></tr>
<tr><td rowspan="2">期望确认(LOE)</td><td>LOE1 所获得的学习体验比自己预期得好</td><td rowspan="2">Bhattacherjee, 2001;
Chen, 2014</td></tr>
<tr><td>LOE2 所获得的学习收获比自己预想得大</td></tr>
<tr><td rowspan="4">满意度(SAT)</td><td>SAT1 对学习过程感到满意</td><td rowspan="4">Luo, Remus, 2014;
Li et al, 2018</td></tr>
<tr><td>SAT2 对学习效果满意</td></tr>
<tr><td>SAT3 对交往沟通过程感到满意</td></tr>
<tr><td>SAT4 对社区的知识内容感到满意</td></tr>
<tr><td rowspan="3">持续使用意愿(CLI)</td><td>CUI1 未来会继续使用该社区学习</td><td rowspan="3">王哲,2017</td></tr>
<tr><td>CUI2 愿意推荐其他人使用该社区学习</td></tr>
<tr><td>CUI3 若时光倒流仍会再次选择使用该社区学习</td></tr>
<tr><td rowspan="3">持续使用行为(CLB)</td><td>CLB1 使用虚拟学习社区至今已有多久</td><td rowspan="3">王哲,2017</td></tr>
<tr><td>CLB2 大概一天登陆几次虚拟学习社区</td></tr>
<tr><td>CLB3 在虚拟学习社区中每次持续学习时间大约多久</td></tr>
</table>

续表 6-4

变量	测度项	测度项来源
在线学习能力(LA)	LA1 具备获取信息、发布消息和交流协作等相关的信息技术技能	陈国权,2008;杨素娟,2009
	LA2 掌握了社区中学习的方法和规则,很适应这样的学习方式	
	LA3 能利用社区提供的个性化知识管理工具管理学到的知识内容	
学习绩效(LP)	LP1 自己的专业知识技能得到了提升	潘丽佳,2015;李小娟等,2017;Lohmann et al, 2019
	LP2 自己结识了很多志趣相投的朋友	
	LP3 自己提出的观点能够得到其他参与者的认可	
	LP4 自己上网查找资料的能力有所提高	

资料来源:笔者根据相关文献及调查问卷结果整理。

二、数据收集与数据质量分析

本章(虚拟学习社区用户学习绩效研究)与第四章(虚拟学习社区用户的交互式体验研究)所用数据来源于对同一调查对象发布的同一套问卷。该问卷一共发放了 1258 份,回收有效问卷 1172 份,问卷共计 48 个测量问项,其中 22 个是关于用户学习绩效的调查,问卷内容详见附录。

1.描述性统计分析

本章的实证研究共有 22 个测量问项,符合问卷调查的样本数量要求。有效样本的描述性统计结果如表 6-5 所示。

表 6-5 虚拟学习社区用户学习绩效研究有效样本的描述性统计结果

指标	极小值	极大值	均值	标准差	偏度	峰度
LOE1	1	5	3.345	0.778	−0.118	0.441
LOE2	1	5	3.382	0.765	−0.185	0.382
SAT1	1	5	3.276	0.703	0.016	0.521
SAT2	1	5	3.245	0.734	0.010	0.535
SAT3	1	5	3.253	0.726	−0.080	0.491
SAT4	1	5	3.460	0.739	−0.167	0.624

续表 6-5

指标	极小值	极大值	均值	标准差	偏度	峰度
CLI1	1	5	3.694	0.808	−0.574	0.612
CLI2	1	5	3.689	0.779	−0.547	0.685
CLI3	1	5	3.654	0.790	−0.688	0.926
SE1	1	5	3.606	0.841	−0.431	0.623
SE2	1	5	3.735	0.795	−0.574	0.820
SE3	1	5	3.501	0.775	−0.185	0.466
LA1	1	5	3.468	0.787	−0.406	0.524
LA2	1	5	3.069	0.861	−0.149	−0.131
LA3	1	5	3.385	0.739	−0.216	0.424
LP1	1	5	3.563	0.731	−0.515	0.889
LP2	1	5	3.700	0.710	−0.512	0.808
LP3	1	5	3.045	0.853	−0.053	0.081
LP4	1	5	3.303	0.723	−0.161	0.892
CLB1	1	5	3.701	1.302	−0.485	−1.071
CLB2	1	5	2.540	0.993	0.958	0.491
CLB3	1	5	3.314	0.885	−0.382	0.579

资料来源：笔者根据 SPSS 19.0 软件的运行结果整理所得。

2. 信度分析

在数据分析之前，先用 SPSS 19.0 软件检验问卷整体信度。本书的有效样本 Cronbach's α 值为 0.917，问卷整体信度非常高。

3. 效度分析

利用 SPSS 19.0 软件做巴特利（Bartlett）球形检验分析，KMO 值为 0.944，超过了 0.9，表明数据相关性强，适合因子分析。Bartlett 检验的 F 值等于 0.000，说明问卷题项中的数据符合正态分布。

针对自我效能感、期望确认、学习满意度、持续使用意愿、在线学习能力、持续使用行为和学习绩效 7 个潜变量分别做主成分分析。如表 6-6 和表 6-7 所示，量表聚类出 4 个潜变量的累计解释方差比例为 68.745%，超过 60%，并且相同维度载荷远高于交叉维度载荷，说明该量表具有良好的结构效度。

表 6-6　虚拟学习社区用户学习绩效研究相关变量解释的总方差

成分	初始特征值			提取平方和载入			旋转平方和载入		
	合计	方差的(%)	累积(%)	合计	方差的(%)	累积(%)	合计	方差的(%)	累积(%)
1	8.658	39.357	39.357	8.658	39.357	39.357	3.312	15.052	15.052
2	1.562	7.100	46.457	1.562	7.100	46.457	2.495	11.343	26.395
3	1.290	5.866	52.323	1.290	5.866	52.323	2.270	10.320	36.715
4	1.045	4.748	57.071	1.045	4.748	57.071	2.122	9.646	46.361
5	0.944	4.290	61.361	0.944	4.290	61.361	1.708	7.762	54.123
6	0.875	3.978	65.339	0.875	3.978	65.339	1.707	7.761	61.884
7	0.749	3.405	68.745	0.749	3.405	68.745	1.509	6.860	68.745
8	0.690	3.137	71.881						
9	0.661	3.004	74.886						
10	0.607	2.761	77.647						
11	0.541	2.458	80.104						
12	0.522	2.372	82.476						
13	0.488	2.218	84.694						
14	0.463	2.105	86.800						
15	0.457	2.078	88.878						
16	0.430	1.954	90.832						
17	0.417	1.896	92.728						
18	0.361	1.642	94.371						
19	0.332	1.509	95.880						
20	0.318	1.445	97.326						
21	0.303	1.377	98.703						
22	0.285	1.297	100.000						

资料来源:笔者根据 SPSS 19.0 软件的运行结果整理所得。

表 6-7　虚拟学习社区用户学习绩效研究中各潜变量的交叉因子载荷

观测变量	潜变量						
	CLB 持续学习行为	CLI 持续使用意愿	LA 在线学习能力	LOE 期望确认	LP 学习绩效	SAT 满意度	SE 自我效能感
CLB1	**0.774**	0.389	0.330	0.201	0.326	0.245	0.332
CLB2	**0.609**	0.256	0.282	0.223	0.284	0.306	0.248
CLB3	**0.845**	0.404	0.364	0.300	0.369	0.325	0.365
CLI1	0.441	**0.888**	0.531	0.439	0.521	0.549	0.560
CLI2	0.396	**0.865**	0.510	0.424	0.529	0.535	0.504
CLI3	0.412	**0.870**	0.511	0.458	0.521	0.564	0.508
LA1	0.360	0.469	**0.764**	0.346	0.513	0.420	0.442
LA2	0.365	0.481	**0.824**	0.444	0.568	0.560	0.470
LA3	0.314	0.461	**0.791**	0.301	0.568	0.432	0.354
LOE1	0.293	0.460	0.414	**0.916**	0.423	0.546	0.552
LOE2	0.296	0.460	0.428	**0.910**	0.478	0.553	0.506
LP1	0.389	0.549	0.594	0.452	**0.866**	0.544	0.467
LP2	0.369	0.488	0.557	0.351	**0.779**	0.455	0.385
LP3	0.163	0.262	0.339	0.284	**0.519**	0.391	0.175
LP4	0.248	0.311	0.446	0.296	**0.640**	0.418	0.266
SAT1	0.319	0.532	0.486	0.525	0.548	**0.864**	0.472
SAT2	0.315	0.516	0.514	0.564	0.521	**0.860**	0.479
SAT3	0.293	0.469	0.497	0.433	0.514	**0.763**	0.367
SAT4	0.325	0.546	0.495	0.458	0.499	**0.810**	0.439
SE1	0.367	0.471	0.419	0.430	0.374	0.426	**0.828**
SE2	0.349	0.514	0.404	0.433	0.395	0.392	**0.834**
SE3	0.341	0.502	0.492	0.572	0.446	0.515	**0.815**

资料来源：笔者根据 SmartPLS 3.0 软件的运行结果整理所得。

4. 共同方法偏差

由于本书采用单一被试方法收集问卷，可能存在潜在的共同方法偏差问题。采用两种方法对数据进行检验。第一种方法是 Harman 的单因子检验法（Philip et al，2003），计算发现（表 6-6），第一个因子的方差解释率为 39.357%，小于

50%,说明数据的共同方法偏差比较小,在可接受范围之内;第二种方法是检验各潜变量之间的相关系数,本书潜变量间的相关系数最大者为0.744,小于0.9,表明本书的数据质量良好,可进行下一步的数据分析工作。

三、测量模型检验

1. 反映性测量模型检验

在概念模型中,自我效能(SE)、期望确认(LOE)、持续使用意愿(CLI)属于反映性测量模型。聚合效度和区别效度是评估反映性测量模型的主要依据。因子载荷、组合信度(composite reliability,CR)和聚合效度(average variance extracted,AVE)是聚合效度的主要考察指标。若因子载荷值和CR的值都高于0.6,说明测度项、因子具有较高的信度;AVE的值大于0.5,说明测量模型具有较好的聚合效度。表6-8显示各指标值均满足聚合效度的指标条件。Heterotrait-Monotrait Ratio(HTMT)是区别效度的主要考察指标。依据Hair等(2013)的观点,HTMT的值小于0.85,说明测量模型在概念层次上具有较好的区别效度,用SmartPLS 3.0软件计算HTMT,如表6-9所示,其最大值为0.744,小于0.85,满足区分效度的指标条件。综上所述,本书构建的反映性测量模型具有较好的信度和效度。

表6-8 虚拟学习社区用户学习绩效研究中反映性测量模型的参数检验

潜变量	测度项	因子载荷	Cronbach's α	CR	AVE
自我效能(SE)	SE1	0.828	0.767	0.865	0.682
	SE2	0.834			
	SE3	0.815			
期望确认(LOE)	LOE1	0.916	0.801	0.910	0.834
	LOE2	0.910			
持续使用意愿(CLI)	CLI 1	0.888	0.846	0.907	0.765
	CLI 2	0.865			
	CLI 3	0.870			

资料来源:笔者根据SmartPLS 3.0软件的运行结果整理所得。

表 6-9 虚拟学习社区用户学习绩效研究中反映性测量模型的区分效度

	CLI	LOE	SE
持续使用意愿(CLI)			
期望确认(LOE)	0.612		
自我效能(SE)	0.744	0.739	

资料来源：笔者根据 SmartPLS 3.0 软件的运行结果整理所得。

2. 形成性测量模型检验

满意度(SAT)、持续使用行为(CLB)、在线学习能力(LA)和学习绩效(LP) 4 个潜变量是形成性测量模型。形成性测量模型需关注潜变量因子外部权重的显著性和因子的多重共线性两个指标。经过 SmartPLS 3.0 软件计算所得如表 6-10 所示。

潜变量因子外部载荷的显著性 T 值大于 1.96。依据 Diamantopoulos 和

表 6-10 虚拟学习社区用户学习绩效研究中形成性测量模型的参数检验

形成性测量指标	因子载荷	方差膨胀因子	外部权重	T 值	显著性
SAT1→满意度	0.864	2.102	0.371	8.791	***
SAT2→满意度	0.860	2.301	0.292	6.293	***
SAT3→满意度	0.763	1.787	0.192	5.018	***
SAT4→满意度	0.810	1.649	0.348	9.624	***
CLB1→持续使用行为	0.888	1.236	0.467	9.175	***
CLB2→持续使用行为	0.865	1.177	0.278	5.528	***
CLB3→持续使用行为	0.870	1.297	0.555	11.134	***
LA1→在线学习能力	0.764	1.389	0.363	9.173	***
LA2→在线学习能力	0.824	1.409	0.463	12.292	***
LA3→在线学习能力	0.791	1.347	0.431	12.999	***
LP1→学习绩效	0.866	1.477	0.531	14.818	***
LP2→学习绩效	0.780	1.411	0.391	10.640	***
LP3→学习绩效	0.519	1.405	0.147	3.922	***
LP4→学习绩效	0.639	1.510	0.249	6.988	***

注：*** 表示 0.01 的显著性水平。

资料来源：笔者根据 SmartPLS 3.0 软件的运行结果整理所得。

Siguaw(2006)给出的 VIF 判断标准,方差膨胀因子 VIF 值介于 0.2～5 之间,表明潜变量因子之间没有显著的多重共线性问题。综上所述,本书构建的形成性测量模型达到了因子外部权重的显著性和因子的多重共线性两个指标的要求。

四、结构模型与假设检验

1. 模型拟合度

SmartPLS 3.0 软件中常用 SRMR 评价模型拟合程度,该值是指将残差进行标准化得到的绝对拟合指数。根据 SmartPLS 3.0 软件的运行结果计算所得,本模型的 SRMR 值为 0.045,小于 0.08,参照温忠麟等(2004)给出的标准,结构模型与数据的拟合程度较好。

2. 结构变量因果关系检验

本书采用偏最小二乘结构方程模型估计法,运用 SmartPLS 3.0 软件,采用 Bootstrapping 抽样技术进行统计推断,将抽样值设置为 5000,结果数量选择 Complete Bootstrapping,选择 0.05 的显著性水平做双尾检测,采用百分位引导的置信区间法,对图 6-1 所示的研究模型中的结构模型拟合程度和假设进行检验。

结构模型变量间的假设关系验证结果如表 6-11 所示,10 条假设中 9 条假设得以验证,并在 $p<0.01$ 下显著。H1c 假设未通过验证。

H1a:用户的自我效能感越高,则期望确认程度越高。由结构方程模型的分析

表 6-11 虚拟学习社区用户学习绩效研究模型中假设检验结果

假设	路径	路径系数	*T* 值	显著性	检验结果
H1a	自我效能感→期望确认	0.579	21.809	* * *	成立
H1b	自我效能感→持续使用意愿	0.369	13.360	* * *	成立
H1c	自我效能感→学习绩效	0.050	1.738	ns	不成立
H2	期望确认→满意度	0.602	28.210	* * *	成立
H3a	满意度→持续使用意愿	0.430	15.933	* * *	成立
H3b	满意度→学习绩效	0.294	9.860	* * *	成立
H4	持续使用意愿→持续使用行为	0.338	10.011	* * *	成立
H5	持续使用行为→学习绩效	0.111	4.628	* * *	成立
H6a	在线学习能力→学习绩效	0.444	14.697	* * *	成立
H6b	在线学习能力→持续使用行为	0.235	6.754	* * *	成立

注:ns 表示不显著,* * * 表示 0.01 的显著性水平。

资料来源:笔者根据 SmartPLS 3.0 软件的运行结果整理所得。

结果可知，标准回归路径影响系数为 0.579，并在 0.01 水平上显著，因此假设 H1a 得到验证。

H1b：用户的自我效能感越高，则持续使用意愿越强。由结构方程模型的分析结果可知，标准回归路径影响系数为 0.369，并在 0.01 水平上显著，因此假设 H1b 得到验证。

H1c：用户的自我效能感越高，学习绩效不一定越高。由结构方程模型的分析结果可知，标准回归路径影响系数为 0.050，在 0.05 水平上不显著，因此假设 H1c 未能得到验证。

H2：用户的期望确认程度越高，则满意度越高。由结构方程模型的分析结果可知，标准回归路径影响系数为 0.602，并在 0.01 水平上显著，因此假设 H2 得到验证。

H3a：用户的满意度越高，则持续使用意愿越强。由结构方程模型的分析结果可知，标准回归路径影响系数为 0.430，并在 0.01 水平上显著，因此假设 H3a 得到验证。

H3b：用户的满意度越高，则学习绩效越高。由结构方程模型的分析结果可知，标准回归路径影响系数为 0.294，并在 0.01 水平上显著，因此假设 H3b 得到验证。

H4：用户持续使用意愿越强，则持续使用行为越强。由结构方程模型的分析结果可知，标准回归路径影响系数为 0.338，并在 0.01 水平上显著，因此假设 H4 得到验证。

H5：用户持续使用行为越强，则学习绩效越高。由结构方程模型的分析结果可知，标准回归路径影响系数为 0.111，并在 0.01 水平上显著，因此假设 H5 得到验证。

H6a：用户在线学习能力越强，则学习绩效越高。由结构方程模型的分析结果可知，标准回归路径影响系数为 0.444，并在 0.01 水平上显著，因此假设 H6a 得到验证。

H6b：用户在线学习能力越强，则持续使用行为越强。由结构方程模型的分析结果可知，标准回归路径影响系数为 0.235，并在 0.01 水平上显著，因此假设 H6b 得到验证。

由上述分析可知，学习绩效受到在线学习能力、满意度和持续使用行为的直接正向显著影响；自我效能感对学习绩效没有直接显著正向影响，但通过直接作用期望确认，间接影响满意度，最终影响学习绩效。

3. 控制变量影响分析

本书将用户性别、年龄、学历作为控制变量对虚拟学习社区用户学习绩效模型的影响进行研究。在 SmartPLS 3.0 软件中采用 Bootstrapping 抽样技术进行统计推断，将抽样值设置为 5000，运算后将各个控制变量对学习绩效的影响汇总，结果见表 6-12。研究表明，性别对用户学习绩效有显著正向影响，并在 0.05 水平显著，年龄和学历对学习绩效没有显著影响。

表 6-12　虚拟学习社区用户学习绩效研究中用控制变量的影响检验结果

假设	路径	路径系数	T 值	显著性	检验结果
性别	性别→学习绩效	−0.043	2.270	* *	成立
年龄	年龄→学习绩效	0.010	0.452	ns	不成立
学历	学历→学习绩效	0.023	1.116	ns	不成立

注：* * 表示 0.05 的显著性水平；ns 表示不显著。

资料来源：笔者根据 SmartPLS 3.0 软件的运行结果整理所得。

五、效应量分析和预测相关性分析

本模型包含 6 个自变量：自我效能感、在线学习能力、期望确认、满意度、持续使用意愿、持续使用行为，学习绩效是因变量。为分析解释结构模型中各变量的预测相关性及相互的解释力度，本书采用 Geisser(1975) 和 Stone(1974) 的 Q^2 检验和 Blindfolding 法对模型的预测相关性进行分析，用 f^2 解释各变量间的效应量。

自变量的效应量代表自变量对因变量的作用大小，本书针对自变量进行效应量分析。公式如下：

$$f^2 = \frac{R^2_{\text{included}} - R^2_{\text{excluded}}}{1 - R^2_{\text{included}}} \tag{6-1}$$

式中：R^2_{included} 和 R^2_{excluded} 分别为包含自变量和去除自变量的决定系数值。

PLS 适用于探索性和预测性研究。因此，除了分析各变量的决定系数 R^2 外，还需要研究模型的预测相关性(predictive relevance)。当模型具备预测相关性时，还可以通过 q^2 衡量预测相关性的大小，Q^2 和 q^2 公式如下：

$$Q^2 = 1 - \frac{\text{SSE}_{\text{D}}}{\text{SSO}_{\text{D}}} \tag{6-2}$$

$$q^2 = \frac{Q^2_{\text{included}} - Q^2_{\text{excluded}}}{1 - Q^2_{\text{included}}} \tag{6-3}$$

式中，SSE_D为误差平方和（预测值一实际值）；SSO_D为用均值替代的误差平方和；$Q^2_{included}$和$Q^2_{excluded}$分别为包含自变量和去除自变量情况下的Q^2值。

在PLS方法估计的结构方程模型中，内生潜变量的R^2越高，代表其解释力度越强，其效应量表示为f^2；内生潜变量的Q^2大于临界值0，代表结构模型的预测相关性较好，其效应量表示为q^2。表6-13为本书所涉及的模型的预测相关性和效应量汇总表，0.02、0.15和0.35分别代表预测相关性q^2和效应量f^2弱、中、强的临界值。在本书构建的结构模型中，内生潜变量学习绩效的被解释方差为56.5%，大于50%，说明该模型的解释力度较强；内生潜变量期望确认Q^2达到了0.272，满意度Q^2为0.237，持续使用意愿Q^2为0.363，持续使用行为Q^2为0.142，内生潜变量Q^2都大于临界值0，说明该模型的预测相关性较好。自我效能对学习绩效的效应量f^2为0.003，远远小于弱效应量0.02的阈值；持续使用行为对学习绩效的效应量f^2为0.021，大于弱效应量0.02的阈值；满意度对学习绩效的效应量f^2为0.113，远大于弱效应量0.02的阈值，略小于中等效应量0.15的阈值；在线学习能力对学习绩效的效应量f^2为0.252，远大于中等效应量0.15的阈值，小于强效应量0.35的阈值。因此，在线学习能力是解释用户学习绩效的重要自变量。综上所述，本书构建的结构方程模型具有较好的结构模型检验结果。

表6-13 虚拟学习社区用户学习绩效研究的结构模型检验——预测相关性和效应量

预测相关性	期望确认(LOE)		满意度(SAT)		持续使用意愿(CLI)		持续使用行为(CLB)		学习绩效(LP)	
R^2（决定系数）	0.336		0.362		0.491		0.263		0.565	
Q^2（预测相关性）	0.272		0.237		0.363		0.142		0.277	
效应量	f^2	q^2	f^2	q^2	f^2	q^2	f^2	q^2	f^2	q^2
自我效能(SE)	0.506	0.374	—	—	0.190	0.111	—	—	0.003	0.000
期望确认(LOE)	—	—	0.568	0.311	—	—	—	—	—	—
满意度(SAT)	—		—	—	0.258	0.152	—	—	0.113	0.039
持续使用意愿(CLI)	—		—	—	—	—	0.100	0.045	—	—
持续使用行为(CLB)	—		—	—	—	—	—		0.021	0.004
在线学习能力(LP)	—		—	—	—	—	0.049	0.023	0.252	0.076

资料来源：笔者根据SmartPLS 3.0软件的运行结果计算所得。

六、结构模型中潜变量相互影响的标准化总效应

如上所述，本章构建的结构模型不仅包含自我效能感、在线学习能力2个外生潜变量，还包括期望确认、满意度、持续使用意愿、持续使用行为和学习绩效5个内生潜变量，潜变量间相互作用关系较为复杂，结构模型不仅存在变量间的直接作用关系，还存在变量间的间接作用关系。比如，满意度不仅受期望确认的显著正向直接作用，同时还直接正向显著影响持续使用意愿和学习绩效。为识别影响学习绩效的重要因素，计算潜变量间相互作用总效应，其结果如表6-14所示。

表6-14 虚拟学习社区用户学习绩效研究中潜变量间相互作用的总效应

后置变量	前置变量					
	自我效能感	在线学习能力	期望确认	满意度	持续使用意愿	持续使用行为
期望确认	0.579					
满意度	0.349		0.602			
持续使用意愿	0.519		0.259	0.430		
持续使用行为	0.175	0.235	0.087	0.145	0.338	
学习绩效	0.171	0.470	0.188	0.310	0.037	0.111

资料来源：笔者根据SmartPLS 3.0软件的运行结果整理所得。

学习绩效不仅受到在线学习能力、满意度和持续使用行为的显著直接正向影响，同时还受到期望确认、自我效能感和持续使用意愿的间接影响。期望确认通过直接显著正向影响满意度，间接影响学习绩效，还通过满意度直接作用持续使用意愿，间接影响学习绩效。通过计算潜变量对学习绩效作用的总效应，不难得出，在线学习能力对学习绩效作用的总效应（0.470）最大，其次是满意度（0.310）、自我效能感（0.171）、持续使用行为（0.111），持续使用意愿的作用总效应最小（0.037）。

持续使用行为不仅受到在线学习能力、持续使用意愿的直接显著正向影响，自我效能感通过直接显著正向影响持续使用意愿，间接影响持续使用行为，满意度通过直接显著正向影响持续使用意愿，间接影响持续使用行为。通过计算潜变量对持续使用行为作用的总效应，发现持续使用意愿对持续使用行为作用的总效应（0.338）最大，其次是在线学习能力（0.235）、自我效能（0.175）、满意度（0.145），期望确认对持续使用行为的作用总效应最小（0.087）。

持续使用意愿不仅受到满意度和自我效能感的直接显著正向作用，期望确

认还通过直接正向影响满意度，间接影响持续使用意愿。通过计算潜变量对持续使用意愿作用的总效应，发现自我效能感对持续使用意愿作用的总效应(0.519)最大，其次是满意度(0.430)，期望确认的作用总效应最小(0.259)。

从结构方程模型不难发现，满意度受到期望确认的直接显著正向影响，自我效能感通过直接显著正向影响期望确认，间接影响满意度。期望确认对满意度作用的总效应最大(0.602)，其次是自我效能感(0.349)。自我效能感还直接显著正向影响期望确认(0.579)。

第五节　研究结果讨论

本章以社会认知理论和绩效函数为基础，结合相关文献实证研究结果，分析用户学习过程的第三个阶段“行为—人”的作用关系，从动态过程视角，构建虚拟学习社区用户学习绩效影响因素模型，研究用户学习绩效，以中国大学 MOOC、知乎社区、CSDN 社区和果壳社区为例，采用 PLS-SEM 检验研究模型。实证分析结果表明，本书构建的模型对用户学习绩效的方差解释达到 56.5%，具有较好的解释性，得出如下结论：

(1)本书综合相关主题的研究成果，丰富并发展相关变量的定义与测量。将持续使用行为、在线学习能力和学习绩效的定义从单个维度拓展到多个维度，从使用的广度、频度和深度 3 个维度测量用户持续使用行为；从内隐的智力能力和外显的操作能力两个维度测量在线学习能力；从任务绩效、社会绩效、创新绩效、素质绩效 4 个方面测量学习绩效。因此，持续使用行为、在线学习能力和学习绩效都是形成性测量模型，并通过了多重共线性检验和权重系数显著性检验。本书结合虚拟学习社区用户的实际变化，在量表层面丰富和发展了相关变量的定义与测量，由此得来的研究结论更契合实际。

(2)研究模型中自变量在线学习能力、满意度和持续使用行为直接显著正向影响用户学习绩效。在线学习能力直接显著正向影响学习绩效(0.444)，假设 H6a 得到证实，该结论证实绩效函数中学习能力的重要作用。同时，在线学习能力还直接显著正向影响持续使用行为(0.235)，H6b 得到证实，与张晓娟和周学春(2016)、刘花和周学春(2016)关于虚拟社区的研究结论一致，也说明从内隐的智力能力和外显的操作能力定义在线学习能力符合虚拟学习社区对用户学习能力的基本要求，验证了在线学习能力对持续学习行为的积极影响。满意度直接显著正向影响学习绩效(0.294)，假设 H3b 得到证实，并与杨根福(2015)的研究结论一致，满意度对提升学习绩效有积极影响。同时，满意度还直接显著正向影响用户持续使用意愿(0.430),假设 H3a 得到证实,说明满意度对用户持续使用有促进作用。用户持续使用行为直接显著正向影响学习绩效(0.111),假设 H5 得到证实,与李小娟等(2017)用数据挖掘分析方法取得的结果一致,说明用户学习绩效的取得不是一蹴而就的,持续学习行为对学习绩效有积极影响。

(3)研究模型中自变量期望确认和持续使用意愿间接正向影响用户学习绩效。其中用户期望确认直接显著正向影响用户满意度(0.602),H2 得到证实,与戴心来等(2017)关于 MOOC 课程的研究结论一致,说明用户若取得与期望一致的收获和体验,会正向影响用户满意度。持续使用意愿直接显著正向影响持续使用行为(0.338),H4 得到证实,与 Bhattacherjee 等(2008)、方旭(2015)的研究结论一致,进一步验证了虚拟学习社区中用户持续使用意愿对持续使用行为的积极作用。

(4)研究模型中自变量自我效能感对用户学习绩效直接作用路径不显著,假设 H1c 不成立,这与李小娟等(2017)、Lane 和 Lane(2002)的研究结论不一致,究其原因,李小娟等研究的对象是 89 名清华大学本科生,Lane 等关注的是 76 名研究生在学术情境中的学习绩效。这两个实证研究对象都具有较高的自我效能和学习能力,结论针对自我效能均值较低或均值水平的研究对象可能不具有普遍性。而本书的 1172 名研究对象涉及高职高专学生、大专生、本科生和研究生各类用户,因而,自我效能的均值可能会显著低于这两个实证研究。本书的结果表明,虚拟学习社区情境下,用户的自我效能感对用户学习绩效没有显著直接作用关系,但自我效能感直接显著正向影响用户期望确认(0.579),假设 H1a 成立,这与 Shea 和 Bidjerano(2010)的研究结论一致,说明自我效能感会积极正向影响用户期望确认。同时,自我效能感还直接显著正向影响用户持续使用意愿,假设 H1b 成立,与 Bhattacherjee 等(2008)关于信息系统使用的实证研究结论一致,进一步论证了在虚拟学习社区情境下,自我效能感对用户的持续使用意愿的积极影响。

(5)本书中的人口统计学变量:年龄、学历等对用户学习绩效的作用效果不显著,但性别对用户持续使用意愿在 0.05 水平下显著。性别对用户学习绩效有积极影响,这一研究结论与郑勤华等(2013)关于远程教育学生学习绩效的研究结论一致。因此,可以针对不同性别组的用户提供不同的服务策略,充分发挥研究模型中关键变量的积极作用。

(6)研究模型中自变量在线学习能力对用户学习绩效作用的总效应最大(0.470),其次是满意度(0.310)、期望确认(0.188),自我效能感(0.171)和持续使用行为(0.111)，持续使用意愿(0.037)对用户学习绩效作用的总效应最小。因此，社区运营者应重视用户在线学习能力的培养，结合社区新技术的发展与应用开展各类信息技术、知识管理以及社区政策等主题的培训，提高用户的内隐智力能力和外显操作能力。研究结果也证明了绩效函数中用户的能力与素质对学习绩效的积极影响关系，以及社会认知理论中用户态度行为对用户认知提升的积极促进作用。

综上所述，本书基于社会认知理论和绩效函数，从过程视角构建了学习绩效全新解释理论模型，发现并验证了在线学习能力、满意度、持续使用行为、期望确认、自我效能感、持续使用意愿等关键变量对学习绩效的积极影响，发现并验证了"持续使用意愿→持续使用行为→学习绩效"的重要影响路径。

第六节　本章小结

本章基于社会认知理论和绩效函数，从过程视角，重点研究"行为—人"的作用关系，分析持续使用意愿、持续使用行为对用户学习绩效的影响，关注用户在线学习能力、自我效能感、期望确认等用户个体因素对用户学习绩效的影响作用及其相互作用关系。

本章综合已有学者的研究成果，将在线学习能力、持续使用行为和学习绩效的定义从单个维度拓展到多个维度，根据相关理论和文献分析，给出虚拟学习社区用户学习绩效研究模型，分析 1172 份有效问卷中关于用户学习绩效相关部分的 22 个测量问项，利用 PLS-SEM 检验研究模型，发现并验证了关键影响因素及其相互作用关系。实证分析结果表明，在线学习能力、满意度和持续使用行为直接显著正向影响用户学习绩效，自我效能感、期望确认、持续使用意愿间接对学习绩效有积极作用。用户的年龄、学历等控制变量对用户学习绩效的作用不显著，性别这个控制变量在 0.05 水平下，显著影响用户的学习绩效。

综上所述，本章详细阐述了虚拟学习社区用户学习机制层次塔模型中的第三层：用户学习绩效的理论分析和实证验证过程。本章构建了基于过程视角的学习绩效的全新解释模型，模型对用户学习绩效的方差解释达到 56.5%，具有较好的解释性，发现并验证了用户持续使用意愿及行为对学习绩效显著影响，分析并识别出影响用户学习绩效的关键因素和作用路径。本书对于社区平台提高运维能力、采取有针对性的服务策略以提高用户学习绩效具有实践指导意义。

第七章　结论与展望

本章总结全文，并展望下一步的研究方向。首先，归纳提出本书的主要研究结论；其次，为虚拟学习社区运维者提出促进社区持续发展的对策建议；最后，总结本书的研究局限，展望今后的研究方向。

第一节　研究结论

本书在生态学习观视域下，综合运用多学科理论，以社会认知理论为研究框架，在总结和运用可供性理论、Bagozzi 的自我调节框架理论、信息系统持续使用理论、心流体验和绩效函数等理论的基础上，以虚拟学习社区为研究对象，采用定性研究与定量研究相结合的方法，从过程视角开展了虚拟学习社区用户学习机制的理论探索和实证检验。

在理论探索方面，从过程视角构建了虚拟学习社区用户学习机制层次塔模型，从体验、持续、结果 3 个层面将用户学习过程分为“交互式体验学习”“持续性学习”和“学习绩效”3 个递进发展的阶段，将用户学习机制研究分解为“用户交互式体验”“用户持续使用意愿”和“用户学习绩效”3 个关键研究问题，并提出理论模型和研究假设。

在实证检验方面，分别对以下 3 个关键研究问题开展了实证研究：①基于生态学习观和可供性理论，创建了感知开放性变量，构建了用户感知交互性影响因素理论模型，揭示了“人—环境”的交互感知的形成机理，识别出用户感知开放性、感知有用性和社区归属感对感知交互性的重要作用路径；②以 Bagozzi 的自我调节框架为基础，整合信息系统持续使用理论和心流体验，拓展了用户满意度的内涵，构建并验证了以体验为核心的虚拟学习社区用户持续使用意愿理论模型，研究“环境—人”行为反应的影响，揭示了新技术背景下，用户交互式体验和心流体验对用户持续使用意愿的重要作用；③以绩效函数和社会认知理论为基础，从“行为—人”的过程视角，构建了虚拟学习社区用户学习绩效的全新解释模型，揭示了持续性学习过程对学习绩效的作用机理，在线学习能力对学习绩效的显著影响。以上实证分析验证了用户学习机制层次塔模型中交互式体验、持续性学习、学习绩效 3 个层次之间的递进关系。用户交互式体验是用户持续学习的基础，学习绩效是用户持续学习的结果。本书提出的用户学习机制层次塔模型可为虚拟学习社区开发运营者更好地服务用户学习、优化社区的环境建设提供决策依据，同时也可为学术界从过程视角研究其他情境下的用户学习机制提供分析框架和思路借鉴。

通过理论分析与实证检验，笔者发现并验证了“交互式体验—持续性学习—学习绩效”这一递进发展的用户学习机制，并且在用户学习的各阶段，影响用户学习的因素和作用路径不同。具体如下：

(1)感知开放性是影响用户交互式学习体验的重要变量。

在用户交互式体验学习的实证研究中发现，感知交互性受到感知有用性、社区归属感和感知开放性的显著直接正向影响，其中感知开放性对用户感知交互性的总效应最大，感知开放性不仅直接正向显著影响感知交互性，还直接显著正向影响感知有用性和社区归属感。因此，提高虚拟学习社区生态系统中学习群体的人际开放性、系统运行场景的开放性和服务途径的软件开放性，可以提高用户对平台的感知有用性评价，培育用户的社区归属感，改善用户的交互式学习体验。

(2)感知交互性是促使用户持续性学习的重要变量。

在用户持续使用意愿的实证研究中发现，感知交互性不仅直接显著正向影响心流体验，还直接显著正向影响用户满意度和用户持续使用意愿，同时，感知交互性在促进期望确认对满意度的影响中起到部分中介效应。在研究模型中，感知交互性对用户持续使用意愿的总效应最大。因此，在社区建设中，要重视社会服务环境和技术服务环境的建设，从人际交互和人机交互两方面，提高人际交互连接性和人际交互响应性，增强用户对资源环境以及系统服务的可控性，优化用户的感知交互性体验。

(3)心流体验能显著增强用户的持续使用意愿。

在用户持续使用意愿的实证研究中发现，心流体验直接显著正向影响用户持续使用意愿，同时，心流体验在促进感知交互性对持续使用意愿的影响中起到部分中介效应。因此，心流是一种愉快而有益的体验，当用户全身心投入学习活动时，会进入忘我状态，沉浸在正在进行的活动中，继续当前的积极状态。当个体对活动进行情感评估时，心流产生的积极影响会促使人们渴望一次又一次地达到该状态，这种评估会促使个体下次愿意继续参与活动，持续使用社区平台。同时，平台中人际反馈的快速响应和人机操作的可控性能为用户提供明确的反馈，对心流的形成有促进作用。

(4)满意度在用户持续性学习和学习绩效阶段均发挥着重要作用。

在用户持续使用意愿的实证研究中发现，满意度不仅直接显著正向影响用户持续使用意愿，同时，满意度在促进感知交互性对持续使用意愿的影响中起到部分中介效应；满意度对用户持续使用意愿的总效应仅次于感知交互性。因此在用户持续性学习阶段，满意度对促进用户持续使用意愿有积极作用。在用户学习绩效的实证研究中发现，满意度不仅直接正向显著影响用户持续使用意愿，还直接正向显著影响用户学习绩效。因此，用户的满意度越高，持续使用意愿越强，越有可能获得满意的学习绩效。社区建设运营者应重视满意度对用户学习机制的重要影响，从内容满意、过程满意、情感满意、结果满意 4 个方面提高平台服务能力，满足用户的认知和情感需求，激励用户持续使用，并最终取得学习绩效。

(5)在线学习能力是影响用户学习绩效的重要因素。

在用户学习绩效的实证研究中发现，在线学习能力不仅直接显著正向影响用户持续学习行为，还直接显著正向影响用户学习绩效，同时，在线学习能力对用户学习绩效的总效应最大。因此，通过提高用户在完成学习任务的过程中所调用的内隐智力能力和目标达成中表现出的外显操作能力，提高用户的在线学习能力，能显著地促进用户的持续使用行为，提升用户学习绩效。社区运维者应关注用户学习能力的提升与培训。

(6)用户持续使用行为对用户学习绩效有积极影响。

在用户学习绩效的实证研究中发现，持续使用行为直接显著正向影响学习绩效，持续使用意愿直接显著正向影响持续使用行为，在线学习能力也直接显著正向影响持续使用行为。因此，用户持续使用行为是用户持续使用意愿到学习绩效转化的重要研究变量，从过程视角验证了学习绩效的取得不是一蹴而就的，而是用户持续努力的结果。用户持续使用行为是平台可记录、可分析的客观数据，因此，社区运营者应从用户持续使用行为的广度、频度和深度 3 个方面关注用户的持续使用行为数据，采用适当策略激发用户持续使用行为，提高用户学习绩效。

第二节　对策建议

针对用户学习 3 个重要阶段的影响因素和作用路径的不同，虚拟学习社区运维者可以针对用户学习的不同阶段，采取不同的策略，优化社区环境，提供更有针对性的服务。在用户交互式体验学习阶段，注重系统的智能化设计与服务，改善用户的交互式学习体验。在用户持续性学习阶段，注重用户的沉浸化使用环境建设，增强用户与平台的黏性，为用户营造持续学习的环境，促使用户持续学习。在用户学习绩效阶段，社区运营者应注重用户个性化服务，采取有针对性的服务策略，提高用户学习绩效。具体而言，本书提出以下几点建议：

(1)加强系统开放性建设，拓展系统多样化开放服务能力。

在多屏融合的移动互联网时代，建设移动终端 APP，为用户提供能满足用户在任何时间、任何地点使用的多场景的开放服务，在 Web3.0 时代，注重用户在社会化网络环境下去中心化的使用需求，兼容主流社交软件，开发嵌入微信等的小程序，为用户提供开放、平等、便捷的知识互动分享交流通道。加强系统面向云端的部署运维能力，使用户在互联网上拥有丰富的富媒体数据，能方便快捷地及时通过各类主流社交软件及办公软件分享学习成果，通过扩大社区学习者的影响通道，不断吸纳新的用户，丰富社区生态系统中的主体要素和客体要素。通过拓展系统面向场景、服务和用户的一系列举措，加强系统的开放性建设，不断提升平台开放服务能力，不断丰富系统对个体的给养，满足个体发展需求，促进系统内外物质流、能量流和信息流的流动，维护系统动态平衡发展。

(2)重视感知交互性建设，设计智能化交互服务环境和交互激励政策。

一方面，基于语义网和大数据技术，建设智能化交互服务环境，记录用户行为数据，精准刻画用户画像，为用户提供符合个体认知需求和情感需求的知识服务，完善社区的技术服务环境建设；另一方面，设计多样化的用户交互激励政策，培育学习共同体，强化用户对社区的归属感，鼓励用户间的交流与分享，完善社区的社会服务环境。智能化的交互服务环境可以为用户提供个性化的知识管理工具和智能化的知识推送服务。用户通过添加个性化学习辅助工具，如标签、分组、收藏、订阅等工具，方便用户获取学习资源，关注学习伙伴，管理个人知识库和学习网络；通过设计在线笔记，方便用户记录整理学习笔记；通过开发学习圈等功能，方便用户开展合作学习，及时调整自身与学习共同体的关系；学习者提出的问题，若没有得到同伴的回复，可启用机器人学伴帮助，从已有知识库中反馈回答，或将其发送给领域专家，以得到专业解答。用户与生态系统中主体和客体交互的数据被全面记录并分析，系统根据用户的搜索关键词、用户个体知识库、学习圈的社交关系网络等记录的数据关系，智能推送相关知识，以改善系统交互的控制性、系统的人机交互连接性和响应性，切实提高用户的人机交互体验。社区运营者可通过设计不同交互行为的积分累积制度，鼓励用户主动分享信息与知识，积极回应社区中的问题，通过积分兑换其他付费知识服务或产品等多样化的交互激励政策，培育用户的社区归属感，加强用户之间的人际连接性，方便用户不断优化其与学习共同体之间基于社会关系网构筑的知识服务网络，改善人际交流和人机交互体验，提高人际交互连接性和人际交互响应性，切实改善用户的人际交互体验。因此，通过设计智能化交互服务环境和交互激励政策，增强虚拟学习社区生态系统中用户间数据关系和情感关系产生的内动力，提高用户的人际交互和人机交互体验，改善用户交互式学习体验。

(3)改善用户心流体验，创建具有沉浸感的服务环境。

从研究结论可知，感知开放性对用户的心流体验有积极影响。因此，虚拟学习社区设计者一方面可以基于用户本体和领域知识本体，开发设置智能学习助手，基于用户已有认知基础和学习目标，基于认知发展的最近发展区，为其推送个性化学习路径，改善用户的交互式学习体验，同时，剔除无关干扰信息，尽量避免弹出广告窗口，为用户营造沉浸式学习环境，促使用户获得心流体验，从而提高用户持续使用意愿；另一方面，随着虚拟现实技术和增强现实技术的普及发展，社区设计者还可以用 H5 交互设计技术，将虚拟的数据、影像等信息叠加到真实场景，为用户带来沉浸式的场景交互体验，丰富用户对现实世界的感知，为用户创设沉浸感的服务环境。

(4)关注用户满意度，满足用户的认知需求和情感需求。

虚拟学习社区是以学习交流为目的的知识类在线社交服务社区。本书在第五章和第六章的实证分析中，已经验证了在以知识社交服务为基础的社区中，用户满意度的定义与测度应随着技术的发展、学习者预期的变化而有所变化，满意度的测量从单一维度拓展到认知和情感两个维度。满意度在用户持续性学习和学习阶段都发挥着重要作用。因此，社区运营者应关注用户满意度，努力为用户提供能滋养用户成长的社会给养、教育给养、物理给养和情感给养。通过改善用户的交互式学习体验，提高用户的满意度，同时，还可提供多样化服务手段，努力保留平台头部用户，一方面能提高用户的感知交互性，另一方面也能提升用户满意度。用户满意度还受到用户期望确认的影响，用户只有对自身能独立在虚拟学习社区自主学习有信心，对知识学习有需求，对学习过程有期待，才会开始学习。用户登录社区学习后，会把实际的学习收获与之前的学习期望进行对比，如果实际体验与期望的差距较小，学习者会感觉到比较满意。社区运营者需要把握用户的自我心理调节机制，依据该机制，未来可以设计个性化的学习代理，针对用户的期望适时推送相关知识内容与学习活动，满足用户的学习期望，在用户学习过程中，切实改善用户的学习体验，让其获得更好的学习内容，更满意的学习过程，更愉快的交流体验，收获更满意的学习绩效，激发社区用户的活跃状态，保持社区的活力，促进社区持续发展。

(5)提高用户在线学习能力，开展关于信息检索和知识管理工具的主题培训。

社区运营者可将社区在线学习服务工具的使用方法和社区用户的知识分享激励政策等内容放在社区首页的帮助文档区域，方便用户及时了解、掌握社区的学习方法与规则。定期开展关于信息检索的主题培训，帮助用户提升获取信息、发布消息和交流协作等相关的信息技术技能。同时，根据社区平台服务升级情况，及时发布社区知识管理工具操作手册或视频教程，帮助用户掌握新工具，熟练运用知识管理、工具管理学到的知识内容，提高用户的外显操作能力。用户具备了在社区平台开展在线学习的内隐智力能力和外显操作能力，会促进用户在虚拟社区持续学习，提升绩效。

(6)重视用户持续使用行为，提供个性化督学、促学服务。

在虚拟学习社区用户学习机制层次塔模型中，用户的交互式学习体验是促成用户持续使用的充分条件，交互的目标是指向绩效，满足个体成长。感知交互性是持续使用意愿的自变量，持续使用意愿是学习绩效的自变量，3个阶段递进发展。持续使用意愿通过持续使用行为和在线学习能力对学习绩效产生积极影响。这些变量中，持续使用行为是平台直接记录的客观数据。社区运维者可以记录分析用户的持续使用行为数据，分析用户使用的广度、频度和深度，对比普通用户和头部用户的差异性及用户的总体均值，定量分析用户持续使用行为与绩效的均衡阈值，根据用户的实际表现，适时发送促学信息，督促用户持续使用，最终帮助用户取得学习绩效，用户的持续使用最终能促使虚拟学习社区持续发展。

综上所述，用户学习机制的理论分析及实证检验成果对虚拟学习社区设计团队和运营团队改善社区环境，提升服务质量具有实践指导意义。社区建设者需紧跟新技术发展应用，关注用户的认知需求和情感需求，为用户提供系统智能化、体验沉浸化、服务个性化的社区环境，为用户营造良好终身学习服务环境，改善用户的交互式学习体验，为用户创造沉浸式的持续学习环境，激励用户持续学习，获得学习绩效。用户的持续使用和知识产出必将带来虚拟学习社区的可持续发展。

第三节　研究局限与研究展望

一、本书的研究局限

首先，本书以4种类型的虚拟学习社区为研究对象，力图发现虚拟学习社区用户学习机制的普遍规律，找到用户在社区中学习的关键阶段，以及各阶段用户与社区环境中关键因素的影响关系及作用效应。但因时间跨度长，社区类型多样，调查群体量大，本书采用的是以回顾性问卷的形式收集用户各阶段的主观感受数据。未来可以用准实验的方法分阶段采集用户数据。

其次，本书的调查对象多集中在青年群体，中老年人的用户比例不高。虚拟学习社区作为终身学习的服务平台，用户群体广泛分布于各个年龄群体，随着人口老龄化发展，未来需要关注中老年人相关主题的研究工作。

最后，本书是关于虚拟学习社区用户学习机制的探索性研究，以可供性理论为出发点，以生态学习观为研究视角，以期全面客观地分析影响用户感知交互性、用户持续使用意愿及用户学习绩效3个关键阶段的重要因素。基于虚拟学习社区生态系统为用户提供的功能性分析，本书从多个维度丰富感知交互性、感知开放性、满意度等关键变量的定义，研究模型中有形成性测量模型，未来可以聚焦这些关键变量的测量模型，作深入研究。

二、研究展望

第一，采用准实验的方法分阶段收集用户数据，丰富用户数据的采集方式，在用户体验阶段，可以借助脑电、眼动等仪器，提高获取的用户数据的准确度；在用户持续性学习阶段，重视用户持续使用意愿和行为随时间推移的变化，关注时间维度下的用户行为数据，丰富用户行为数据的获取方式和途径；在用户绩效提升阶段，注重用大数据的方法分析用户的客观绩效。通过以上途径，可以用客观数据分析验证本书的模型，进一步丰富和发展该领域的研究成果。

第二，未来研究可以收集不同类型的虚拟学习社区用户样本，探讨分析不同类型的虚拟学习社区用户学习机制有何异同。增加不同年龄段的研究样本、不同学历特征的研究样本，分析人口统计学变量和人格特质等变量对用户感知交互性、持续使用意愿和学习绩效的调节作用，进一步丰富本书的广度与深度，为虚拟学习社区设计者和运营者个性化的支持服务给出理论依据和实践指导。

第三，重视新技术的发展与应用对虚拟学习社区用户学习过程各阶段的影响，进一步研究发展感知开放性变量的定义与测量，紧跟信息技术的发展趋势，提高新兴信息系统及技术背景下本书中模型的解释力度。

主要参考文献

昂娟,俞欣,2017.基于MOOC平台视角的学习绩效影响因素研究[J].齐鲁师范学院学报,32(1):20-25.

柴军应,2015.学生学习自主性:内涵,特征和机制[J].当代教育与文化,7(4):38-44.

陈国权,2008.复杂变化环境下人的学习能力:概念、模型、测量及影响[J].中国管理科学,16(1):147-157.

陈国权,孙锐,2013.组织管理视角下的个体学习与行为改造研究[J].科学学与科学技术管理,34(1):123-134.

陈昊,李文立,柯育龙,2016.社交媒体持续使用研究:以情感响应为中介[J].管理评论,28(9):61-71.

陈珂珂,2017.基于社会影响的虚拟品牌社区用户参与行为研究[D].沈阳:哈尔滨工业大学.

陈丽,2004.远程学习的教学交互模型和教学交互层次塔[J].中国远程教育(5):24-28,78.

陈丽,王志军,2016.三代远程学习中的教学交互原理[J].中国远程教育,501(10):30-37,79-80.

陈瑶,2011.社交网站用户持续使用意向的模型构建及实证研究[D].西安:电子科技大学.

程艳,许维胜,何一文,2011.虚拟学习社区的绩效评估模型[J].计算机工程与应用,47(4):17-21.

代宝,2017.基于CNKI文献的微信用户采纳和持续使用行为影响因素分析[J].情报科学(2):44-49,62.

戴心来,郭卡,刘蕾,2017.MOOC学习者满意度影响因素实证研究:基于“中国大学MOOC”学习者调查问卷的结构方程分析[J].现代远距离教育(2):17-23.

邓建高,郭行,马城楠,2017.在线社交网络、双元性学习与大学生创新能力培养绩效关系研究[J].现代教育科学(8):110-117.

邓胜利,2015.网络用户信息交互行为研究模型[J].情报理论与实践,38(12):53-56+87.

邓新明,刘禹,龙贤义,等,2020.高管团队职能异质性与企业绩效关系研究:基于管理者认知和团队冲突的中介分析[J].管理工程学报,34(3):32-44.

邓运,2013.虚拟社区用户后继参与行为以及持续参与行为的研究[D].武汉:华中科技大学.

杜智涛,2017.网络"微学习"参与者行为的影响因素:基于结构方程模型的实证分析[J].情报杂志,36(1):173-180.

段金菊,余胜泉,2013.学习科学视域下的 e-Learning 深度学习研究[J].远程教育杂志,217(4):43-51.

方旭,2015.MOOC 学习行为影响因素研究[J].开放教育研究,21(3):46-54.

甘春梅,许嘉仪,朱妍婷,2018.社会化问答社区用户持续使用意向实证研究[J].情报科学,36(2):107-112.

甘永成,祝智庭,2006.虚拟学习社区知识建构和集体智慧发展的学习框架[J].中国电化教育,232(5):27-32.

高长俊,胡世清,2011.我国虚拟学习社区研究现状及趋势分析[J].远程教育杂志,29(4):65-70.

郭三强,2010.基于生态学习观的虚拟学习社区的构建研究[D].金华:浙江师范大学.

贺团涛,曾德明,2008.知识创新生态系统的理论框架与运行机制研究[J].情报杂志,27(6):23-25.

胡凡刚,2006.教育虚拟社区与学习交往设计[J].中国电化教育(2):23-26.

黄天慧,郑勤华,2011.学习者数字化学习绩效的影响因素研究综述[J].中国远程教育(综合版)(7):17-23.

蒋国东,陈如佩,2019.中国大学生学习风格与英语成绩的实证研究[J].考试与评价(大学英语教研版)(2):106-108.

金坤,2009.虚拟学习社区的学习绩效研究:社会网分析视角[D].北京:北京大学.

金帅岐,李贺,沈旺,等,2020.用户健康信息搜寻行为的影响因素研究:基于社会认知理论三元交互模型[J].情报科学,38(6):53-61,75.

景义新，沈静，2019. 新媒体可供性概念的引入与拓展[J]. 当代传播(1)：92-95.

李定，2011. 在线学习 WBL 服务质量评价与改进研究[D]. 成都：电子科技大学.

李慧，2014. BCL 环境下协作小组伙伴选择影响因素研究[D]. 金华：浙江师范大学.

李慧迎，2011. 构建虚拟学习社区的超循环理论观[J]. 中国电化教育，297(10)：59-63.

李彤彤，武法提，黄洛颖，2017. 生态学视角的网络学习环境结构分析[J]. 现代教育技术，27(7)：109-115.

李小娟，梁中锋，赵楠，2017. 在线学习行为对混合学习绩效的影响研究[J]. 现代教育技术，27(2)：79-85.

李小平，许梦幻，赵丰年，等，2017. "互联网＋"环境下研究生网络学习资源生态体系建设研究[J]. 学位与研究生教育(4)：26-30.

梁士金，2020. 社交媒体视角的用户持续碎片化阅读意愿：基于 ECM-ISC 和主观规范的实证[J]. 图书馆学研究(9)：80-88.

刘百灵，徐伟，夏惠敏，2018. 应用特征与个体特质双重视角下移动购物持续使用意愿研究[J]. 管理科学，31(2)：59-70.

刘花，周学春，2016. 用户就绪和知识贡献研究：以百度百科虚拟社区为例[J]. 资源开发与市场，32(4)：447-452.

刘丽，2018. 虚拟学习社区中学习者归属感影响因素研究[D]. 曲阜：曲阜师范大学.

刘勍勍，左美云，刘满成，2012. 基于期望确认理论的老年人互联网应用持续使用实证分析[J]. 管理评论，24(5)：89-101.

刘三女牙，郭美伶，胡天慧，等，2020. 不同关系定义下在线交互网络特点及其与学习绩效关系：以 SPOC 论坛为例[J]. 开放教育研究，26(3)：80-90.

刘威童，汪潇潇，2019. 混合式教学满意度影响因素研究[J]. 现代教育技术，38(1)：107-113.

卢吾，叶伟巍，2017. 国外网络课程学习绩效影响要素的实证研究[J]. 高等工程教育研究(4)：136-140.

卢潇，胡凡刚，2017. 基于教育大数据的教育虚拟社区交互设计研究[J]. 远程教育杂志,242(5):84-92.

马捷,张世良,葛岩,等,2020.新媒体环境下政务信息交互行为影响因素研究[J].情报资料工作,41(1):24-31.

马南南,2009.教师在线学习共同体的“活动引领”学习机制研究[D].上海:华东师范大学.

毛齐明,蔡宏武,2012.教师学习机制的社会建构主义诠释[J].华东师范大学学报(教育科学版),30(2):21-27.

蒙玉玲,董晓宏,刘润,2020.云创新助推科技型中小企业构建持续性学习机制[J].经济与管理,34(4):82-87.

潘丽佳,2015.MOOC设计、学习者参与度和学习绩效的关系研究[D].杭州:浙江大学.

潘忠党,刘于思,2017.以何为“新”?“新媒体”话语中的权力陷阱与研究者的理论自省:潘忠党教授访谈录[J].新闻与传播评论辑刊(1):2-19.

彭念凡,2019.大学英语学习平台人机给养交互研究[J].外语电化教学,190(12):25-32.

彭文辉,2014.网络教育资源设计与开发课程设计[M].北京:清华大学出版社.

齐云飞,张玥,朱庆华,2018.信息生态链视角下社会化问答用户的信息交互行为研究[J].情报理论与实践,41(12):1-7.

钱瑛,2015.在线学习用户持续使用行为的影响因素研究:基于社会化网络环境和学情定位视角[J].现代情报,35(3):50-56.

戎红艳,2016.基于微博虚拟社群的大学生非正式学习特点与机制研究[D].宁波:宁波大学.

宋慧玲,张地坷,帅传敏,等,2017.我国网络学习绩效研究文献的可视化计量分析[J].中国远程教育,506(3):30-36,74.

孙思阳,2018.虚拟学术社区用户知识交流行为研究[D].吉林:吉林大学.

谭明杰,2015.在线教育中的信息技术采纳与学习者保持研究[D].成都:电子科技大学.

唐莉斯,邓胜利,2012.SNS用户忠诚行为影响因素的实证研究[J].图书情报知识,145(1):102-108.

唐宁玉,2008.虚拟团队学习的动态过程及其效能研究[M].北京:知识产权出版社.

汪琼,2020.“教学存在感”及实现路径辨析[J].现代远程教育研究,32(2):11-19.

汪祖柱,吴磊,2013.用户参与专业虚拟社区的满意度影响因素研究[J].武汉理工大学学报(信息与管理工程版),35(5):784-788.

王德胜,韩杰,蔡佩芫,2020.轻量化视角下微信小程序持续使用研究[J].科研管理,41(5):191-201.

王冬,2008.学习绩效的内涵及其评价研究[J].南昌教育学院学报,23(2):37-41.

王季,余心根,何学军,2013.远程教育学生学校归属感对学习绩效的影响实证研究[J].现代教育技术,23(3):81-86.

王陆,2009.虚拟学习社区的社会网络分析[J].中国电化教育,265(2):5-11.

王陆,2009.虚拟学习社区的社会网络结构研究[D].兰州:西北师范大学.

王钱永,毛海波,2016.基于UTAUT模型的MOOC学习行为因素分析[J].电化教育研究,278(6):43-48.

王哲,2017.社会化问答社区知乎的用户持续使用行为影响因素研究[J].情报科学,35(1):78-83.

魏江,魏勇,2004.产业集群学习机制多层解析[J].中国软科学(1):121-125.

魏温远,2013.基于用户感知体验的在线培训系统可用性与使用意愿影响研究[D].杭州:浙江大学.

温忠麟,侯杰泰,马什赫伯特,2004.结构方程模型检验:拟合指数与卡方准则[J].心理学报,36(2):186-194.

武慧娟,尚冰琦,孙鸿飞,等,2020.微阅读用户持续使用行为影响因素及作用路径研究[J].情报科学,38(6):76-82,102.

徐彩云,2012.网络教育学院学生专业承诺与学习绩效的关系研究[D].成都:西南交通大学.

许雪琦,张娅雯,2020.移动学习平台用户使用意愿影响因素研究:基于移动情境和心流体验的技术接受模型[J].电化教育研究,41(3):69-75,84.

杨根福,2015.混合式学习模式下网络教学平台持续使用与绩效影响因素研究[J].电化教育研究,267(7):42-48.

杨素娟,2009.在线学习能力的本质及构成[J].中国远程教育(5):43-48.

杨文正,张静,刘敏昆,等,2015.数字教育资源用户持续使用行为实证研究:基于扩展的 ECM-ISC 模型[J].中国电化教育(11):54-61.

姚山季,王富家,刘德文,2018.内容型虚拟社区中的用户互动和融入:身份认同的中介效应[J].商业经济与管理,316(2):64-78.

于凌云,谢艳梅,2006.应用知识管理提高网络学习绩效初探[J].现代远程教育研究(2):34-36.

余金昌,2012.基于生态视角的虚拟学习社区构建[J].中国电化教育,305(6):42-45.

约翰·D.布兰思福特,2013.人是如何学习的:大、脑、心理、经验及学校(扩展版)[M].程可拉,孙亚玲,王旭卿,译.上海:华东师范大学出版社.

B.约瑟夫·派恩,詹姆斯·H.吉尔摩,2002.体验经济[M].夏业良,鲁炜,等译.北京:机械工业出版社.

曾桂,程艳,2014.基于虚拟学习社区的智能学习算法研究[J].计算机与现代化,229(9):10-14.

曾进群,2013.开源社区结构与行为及其特点研究[D].广州:华南理工大学.

詹姆斯,拉菲,蔡宜君,等,2010.在线学习中活动感知对社会性技能、社群归属感和学习满意度的影响[J].开放教育研究,16(3):136-143.

张弘韬,2020.5G 时代移动虚拟品牌社区的交互与体验设计[J].湖南工业大学学报(社会科学版),25(3):16-21.

张华,席酉民,曾宪聚,2009.网络结构与成员学习策略对组织绩效的影响研究[J].管理科学,22(2):64-72.

张静,王欢,2018.基于 ISM 的在线教育平台学习者持续学习行为的影响因素研究[J].中国电化教育,381(10):123-130.

张立国,2008.虚拟学习社区交互结构研究[D].西安:陕西师范大学.

张薇薇,柏露,2017.众包社区用户持续使用行为研究:基于 ECM-ISC 和承诺信任理论[J].情报资料工作,38(2):54-62.

张伟刚,2009.网络环境下多元关联学习绩效模型的构建[J].高等理科教育,131(6):44-49.

张翔,毛刚,2009.虚拟学习社区环境下绩效提升方法研究[J].湖北科技学院学报,29(5):128-130.

张向民,2017.美国学生在线行为及其对学习绩效影响的分析[J].开放学习研究,101(1):37-45.

张晓娟,周学春,2016.社区治理策略、用户就绪和知识贡献研究:以百度百科虚拟社区为例[J].管理评论,28(9):72-82.

张璇,吴清烈,2010.基于扩展 ECM 的移动商务用户继续使用意向研究[J].太原理工大学学报,41(1):28-32.

张燕南,张力,周涛,等,2010.学习风格对网络学习的影响:一项实证研究[J].开放教育研究,16(3):160-166.

张永云,张生太,彭汉军,等,2017.从创新生态系统视角看网络空间知识创新行为:对 6 个网络虚拟社区的案例分析[J].科技进步与对策,34(6):139-146.

张珠龙,2013.社区居民网络学习行为初探:基于"江苏学习在线"用户的实证分析[J].中国远程教育(11):68-73.

赵爱萍,2019.虚拟学习社区知识交互积极性影响因素研究[D].曲阜:曲阜师范大学.

赵呈领,梁云真,刘丽丽,2016.基于社会认知理论的网络学习空间知识共享行为研究[J].电化教育研究,282(10):14-21.

赵呈领,赵文君,杨海茹,等,2018.泛在学习环境中信息交互影响因素模型构建与实证研究[J].现代远距离教育,178(4):5-12.

赵德慧,王璐曦,沈彤,2014.大学生心理资本对学习绩效影响实证探究[J].现代商贸工业,26(6):97-98.

赵玲,2011.虚拟社区成员参与行为的实证研究[D].武汉:华中科技大学.

赵雪芹,王少春,2019.微信小程序用户持续使用意愿的影响因素探究[J].现代情报,39(6):70-80,90.

赵宇翔,刘周颖,2018.知识众包社区中用户参与意愿的实证研究:基于虚拟社区归属感的视角[J].情报资料工作,222(3):71-81.

赵宇翔,张苹,朱庆华,2011.社会化媒体中用户体验设计的理论视角:动因支撑模型及其设计原则[J].中国图书馆学报,37(5):36-45.

郑勤华,曹莉,陈丽,等,2013.远程学习者学习绩效影响因素研究[J].开放教育研究(6):88-94.

衷克定,梁玉娟,2006.网络学习社区结构特征及其与学习绩效关系研究[J].开放教育研究,12(6):69-73.

周涛,王超,2016.基于社会认知理论的知识型社区用户持续使用行为研究

[J]. 现代情报,36(9):82-87.

Agudo-Peregrina Á F, Iglesias-Pradas S, Conde-González M Á, et al, 2014. Can we predict success from log data in VLEs? Classification of interactions for learning analytics and their relation with performance in VLE-supported F2F and online learning [J]. Computers in Human Behavior, 31 (2): 542-550.

Al-Maroof R S, Salloum S A, 2021. An Integrated Model of Continuous Intention to Use of Google Classroom[M/OL]. Al-Emran M, Shaalan K, et al. Recent Advances in Intelligent Systems and Smart Applications. Studies in Systems, Switzerland: Springer, 295: 311-335. https://doi.org/10.1007/978-3-030-47411-9_18.

Ajzen I, 2002. Perceived Behavioral Control, Self-Efficacy, Locus of Control, and the Theory of Planned Behavior[J]. Journal of Applied Social Psychology, 32(4): 665-683.

Alraimi K M, Zo H, Ciganek A P, 2015. Understanding the MOOCs continuance: The role of openness and reputation[J]. Computers & Education, 80 (1): 28-38.

Al-Emran M, Arpaci I, Salloum S A, 2020. An empirical examination of continuous intention to use m-learning: An integrated model [J]. Education and information technologies, 25(4): 2899-2918

Al-Maroof R S, Salloum S A, 2021. An integrated model of continuous intention to use of google classroom [C]// Al-Emran M. SK, Hassanien A. Switzerland: Springer, Cham: 311-335.

Al-Maroof R S, Salloum S A, 2021. An integrated model of continuous intention to use of google classroom[M/OL]. Al-Emran M, Shaalan K, et al, Recent Advances in Intelligent Systems and Smart Applications. Studies in Systems, Switzerland: Springer, 295: 311-335. https://doi.org/10.1007/978-3-030-47411-9_18.

Armstrong J S, Overton T S, 1977. Estimating non response bias mail surveys[J]. Journal of Marketing Research, 14(3): 396-402.

Bagozzi R P, 1992. The Self-Regulation of Attitudes, Intentions, and Behavior[J]. Social Psychology Quarterly,55(2):178-204.

Bandura A, 1977. Self-efficacy: Toward a unifying theory of behavioral change[J]. Advances in Behaviour Research & Therapy,84(2):191-215.

Bandura A, 1986. Social foundations of thought and action: A social cognitive theory[J]. Journal of Applied Psychology,12(1):169-171.

Bandura A, 1999. Self-efficacy: The exercise of control[J]. Journal of Cognitive Psychotherapy,13(2):158-166.

Bhattacherjee A, 2001. Understanding information systems continuance: an expectation confirmation model[J]. Mis Quarterly,25(3):351-370.

Bhattacherjee A, Perols J, Sanford C, 2008. Information technology continuance: A theoretic extension and empirical test[J]. Journal of Computer Information Systems,49(1):17-26.

Bo X, Li D,2015. An empirical study of the motivations for content contribution and community participation in Wikipedia[J]. Information & Management,52(3):275-286.

Brown J S, 2000. Growing up Digital: How the web changes work, education, and the ways people learn[J]. Change,32(2):11-20.

Bruckman A, 2000. Situated Support for Learning: Storm's Weekend With Rachael[J]. Journal of the Learning Sciences,9(3):329-372.

Buil I, Hernández B, Sesé F J, et al, 2012. Discussion forums and their benefits for E-Learning: Implications for effective use[J]. Innovar Revista De Ciencias Administrativas Y Sociales,22(43):131-144.

Carillo K, Scornavacca E, Za S,2017. The role of media dependency in predicting continuance intention touse ubiquitous media systems[J]. Information & Management,54(3):317-335.

Carlén U, 2002. Typology of online learning communities [C]. The First International Conference on NetLearning, Ronneby, Sweden.

Castillo-Merino D, Serradell-López E, 2014. An analysis of the determinants of students' performance in e-learning[J]. Computers in Human Behavior,30(1):476-484.

Chang Y P, Zhu D H, 2012. The role of perceived social capital and flow experience in building users' continuance intention to social networking sites in China[J]. Computers in Human Behavior,28(3):995-1001.

Charband Y , Navimipour N J, 2016. Online knowledge sharing mechanisms: a systematic review of the state of the art literature and recommendations for future research[J]. Information System Frontiers, 18(6):1131-1151.

Chen Y C, 2014. An empirical examination of factors affecting college students' proactive stickiness with a web-based English learning environment [J]. Computers in Human Behavior,31(2):159-171.

Cheng Y M, 2014. Extending the expectation-confirmation model with quality and flow to explore nurses' continued blended e-learning intention[J]. Information Technology & People,27(3):230-258.

Cheung R, Vogel D, 2013. Predicting user acceptance of collaborative technologies: An extension of the technology acceptance model for e-learning [J]. Computers & Education,63(2):160-175.

Chin W W,1998. The partial least squares approach for structural equation modeling. Marcoulides IGA, editor. Mahwah, New Jersey. [M]. US: Lawrence Erlbaum Associates Publishers.

Chou S W, Hung I H, 2016. Understanding knowledge outcome improvement at the post-adoption stage in a virtual community[J]. Information Technology & People,29(4):774-806.

Corallo A, De Maggio M, Grippa F, et al, 2010. A Methodological Framework to Monitor the Performance of Virtual Learning Communities[J]. Human Factors and Ergonomics in Manufacturing & Service Industries,20(2):135-148.

Crick, R N, Dodge, A K, 1995. A review and reformulation of social-information-processing mechanisms in children's social adjustment[J]. Psychological Bulletin,115:74-101.

Csikszentmihali M, 1975. Beyond Boredom and Anxiety[M]. New York: Jossey-Bass.

Csikszentmihalyi M, 1975. Play and intrinsic rewards[J]. Journal of Humanistic Psychology,14(3):41-63.

Dağhan G, Akkoyunlu B, 2015. General trends of the studies about the sustainability of the technology usage in education: A thematic content analysis study[J]. Eğitim Ve Bilim,40(178):225-253.

DiamantopoulosA,Siguaw J A, 2006. Formative versus reflective indicators in organizational measure development: A comparison and empirical illustration[J]. British Journal of Management,17(4):263-282.

Diep N A,Cocquyt C, Zhu C, et al, 2016. Predicting adult learners' online participation: Effects of altruism, performance expectancy, and social capital [J]. Computers & Education,101:84-101.

Fang C, Zhang J, 2019. Users' continued participation behavior in social Q&A communities: A motivation perspective[J]. Computers in Human Behavior,92(11):87-109.

Fornell C, Larcker D F, 1981. Evaluating structural equation models with unobservable variables and measurement error[J]. Journal of Marketing Research,18(2):39-50.

Gagné R M,1985. The Conditions of learning and theory of instruction [M]. New York: Holt, Rinehart and Winston, Inc.

Gamulin J, Gamulin O, Kermek D, 2016. Using Fourier coefficients in time series analysis for student performance prediction in blended learning environments[J]. Expert Systems,33(2):189-200.

Garrison D R, Anderson T, Archer W, 1999. Critical Inquiry in a text-based environment: Computer conferencing in higher education [J]. Internet & Higher Education,2(2-3):87-105.

Geisser S, 1975. The predictive sample reuse method with applications[J]. Journal of the American Statistical Association,70(350):320-328.

Gibson J J,1979. The ecological approach to visual perception[M]. Boston: Houghton Mifflin.

Gong X, Lee M K O, Liu Z, et al, 2020. Examining the role of tie strength in users' continuance intention of second-generation mobile instant messaging services[J]. Information Systems Frontiers,22(1):149-170.

Guo J, Liu Z, Liu Y, 2016. Key success factors for the launch of government social media platform: Identifying the formation mechanism of continuance intention[J]. Computers in Human Behavior,55(PB):750-763.

Ha Y W, Kim J,Libaque-Saenz C F, et al, 2015. Use and gratifications of mobile SNSs: Facebook and KakaoTalk in Korea[J]. Telematics & Informatics,32(3):425-438.

Hagel J I, Armstrong A G, 1997. Expanding markets through virtual communities[M]. Harvard Business School Press.

Hagerty B M, Lynch-Sauer J,Patusky K L, et al, 1992. Sense of belonging: a vital mental health concept[J]. Archives of Psychiatric Nursing,6(3): 172-177.

Hai M, Tt A, Nar A, et al, 2020. Explaining Chinese university students' continuance learning intention in the MOOC setting: A modified expectation confirmation model perspective[J]. Computers & Education,150(6):1-16.

Hair J F,Hult T M, Ringle C M, et al, 2013. A primer on partial least squares structural equation modeling (PLS-SEM)[M]. Thousand Oaks,CA: Sage Publications.

Heng D L K, Bakar Z A B A, Omar N A, et al, 2020. Examining the relationship among learning self-efficacy,MOOC-satisfaction and MOOC-loyalty of MOOC learner with Bagozzi's Model[J]. International journal of academic research in business and social sciences,10(4):609-620.

Henri F,Pudelko B, 2003. Understanding and analysing activity and learning in virtual communities [J]. Journal of Computer Assisted Learning,19(4): 474-487.

Henseler J, Ringle C, Sarstedt M, 2015. A new criterion for assessing discriminant validity in variance-based structural equation modeling[J]. Journal of the Academy of Marketing Science,43(1):115-135.

Hernandez B, Montaner T, Sese F J,et al, 2011. The role of social motivations in e-learning: How do they affect usage and success of ICT interactive tools? [J]. Computers in Human Behavior,27(6):2224-2232.

Hew T S, Kadir S L S A, 2017. Applying channel expansion and self-determination theory in predicting usebehaviour of cloud-based VLE[J]. Behaviour & Information Technology,36(9):875-896.

Hoffman D L, Novak T P, 1996. Marketing in hypermedia computer-mediated environments: Conceptual foundations[J]. Journal of Marketing,60(3):50-68.

Howard B R, 2010. Adult learners in cyberspace: A Collective case study of reentry women in a virtual learning community[D]. VSA: Moscow, University of Idaho.

Ifinedo P, 2018. Determinants of students' continuance intention to use blogs to learn: an empirical investigation[J]. Behaviour & Information Technology,37(4): 381-392.

Iivari J, 2013. Perceived sociability of use and individual use of social networking applications-the case of facebook[D]. Finland: University of Oulu.

Illeris K,2007. How we learn: Learning and non-learning in school and beyond (2nd edition)[M]. London & New York: Routledge.

Jacobson M J, Kapur M, Reimann P, 2016. Conceptualizing debates in learning and educational research: Toward a complex systems conceptual framework of learning[J]. Educational Psychologist,51(2):210-218.

Jin J, Li Y, Zhong X, et al, 2015. Why users contribute knowledge to online communities: An empirical study of an online social Q&A community[J]. Information & Management,52(7):840-849.

Kayade C V, Ekwunife-Orakwue, 2014. The impact of transactional distance dialogic interactions on student learning outcomes in online and blended environments[J]. Computers & Education,78(9):414-427.

Kember D, 1989. A longitudinal-process model of drop-out from distance education[J]. Journal of Higher Education,60(3):278-301.

Kirschner P A, 2002. Can we support CSCL? Educational, social and technological affordances for learning[M/OL]. Heerlen: inaugural address open university. [2014-3-14]. http://www. researchgate. net/publication/242493388.

Klem A M, Connell J P, 2004. Relationships Matter: Linking Teacher Support to Student Engagement and Achievement. Journal of School Health. 74(7):262-73.

Kotturi Y, Kulkarni C E, Bernstein M S, et al,2015. Structure and messaging techniques for online peer learning systems that increase stickiness[C] // Kiczales G(eds). Proceedings of the Second (2015) ACM Conference on Learning. Vancouver, BC, Canada: Association for Computing Machinery:31-38.

Lane J, Lane A, 2002. Self-efficacy and academic performance[J]. Social Behavior and Personality: An International Journal,29(7):687-693.

Laurillard D, 2001. Rethinking university teaching: A conversational framework for te effective use of learning technologies. 2nd edn[M]. London: Routledge.

Laux D,Luse A, Mennecke B E, 2016. Collaboration, connectedness, and community:An examination of the factors influencing student persistence in virtual communities [J]. Computers in Human Behavior,57(4):452-464.

LeDoux J E, 1995. Emotion: Clues from the brain[J]. Annual Review of Psychology,46(2):209-235.

Lee D S, Jo N Y, Lee K C, 2011. Leadership styles, Web-based commitment and Their subsequent impacts on e-learning performance in virtual community[M]. Berlin Heidelberg: Springer.

Lee M C, 2010. Explaining and predicting users' continuance intention toward e-learning: An extension of the expectation-confirmation model[J]. Computers & Education,54(2):506-516.

Lee Y, KwonO,2011. Intimacy, familiarity and continuance intention:An extended expectation-confirmation model in web-based services[J]. Electronic Commerce Research &Applications,10(3):342-357.

Li Y X, YangS,Chen Y,et al, 2018. Effects of perceived online-offline integration and internet censorship on mobile government microblogging service continuance: A gratification perspective[J]. Government Information Quarterly,35(4):588- 598.

Limayem M, Hirt S G, Cheung C M K, 2007. How habit limits the predictive power of intention: the case of information systems continuance[J]. Mis Quarterly,31 (4):705-737.

Limayem M, Hirt S, Chin W,2001. Intention does not always Matter:

The Contingent Role of Habit in IT Usage Behaviour[C/OL]//The 9th European Conference on Information Systems, Bled, Slovenia[2001-2-27]. https://www.researchgate.net/publication/221409695.

Lin C P,Bhattacherjee A, 2008. Elucidating individual intention to use interactive information technologies: The role of network externalities[J]. International Journal of Electronic Commerce,13(1):85-108.

Lin H, Fan W, Chau P Y K, 2014. Determinants of users' continuance of social networking sites: A self-regulation perspective[J]. Information & Management,51(5):595-603.

Lin J W, 2019. Continuance model of formative computer-based assessment (CBA): Considering the effects of self-regulation and social influence[J]. Universal Access in the Information Society,19(11):905-918.

Liu Q, Shao Z, Fan W, 2018. The impact of users' sense of belonging on social media habitformation: Empirical evidence from social networking and microblogging websites in China[J]. International Journal of Information Management,43(12):209-223.

Liu Q, Shao Z, Tang J,et al, 2019. Examining the influential factors for continued social media use: A comparison of social networking and microblogging[J]. Industrial Management & Data Systems,119(5):1104-1127.

Lohmann G, Pratt M A,Benckendorff P,et al, 2019. Online business simulations: authentic teamwork, learning outcomes,and satisfaction[J]. Higher Education,77(3):455-472.

Luo M M, Remus W, 2014. Uses and gratifications and acceptance of Web-based information services: An integrated model[J]. Computers in Human Behavior,38(9):281-295.

McKissick S M, 2014. The Effects of Type of Student Response in Online Discussion on Perceived Social Ability and Interaction with Others[D]. Alabama: University of South Alabama.

MinDai H, TimothyTeo, AnneRappa N, et al, 2020. Explaining Chinese university students' continuance learning intention in the MOOC setting: A modified expectation confirmation model perspective[J]. Computers & Education,150(6):1-16.

Molinillo S, Aguilar-Illescas R, Anaya-Sánchez R, 2018. Exploring the impacts of interactions, social presence and emotional engagement on active collaborative learning in a social web-based environment[J]. Computers & Education,123(8):41-52.

Moore M G, 1989. Three types of interaction[J]. January American Journal of Distance Education,3(2):1-7.

Mouakket S, 2018. The role of personality traits in motivating users' continuance intention towards Facebook: Gender differences[J]. Journal of High Technology Management Research,29(1):124-140.

Newhagen J E, Cordes J W, Levy M R, 1995. Audience scope and the perception of interactivity in viewer mail on the internet[J]. Journal of Communication,45(3):164-175.

Norman D A, 1999. Affordances, conventions, and design[J]. Interactions,6(3):38-42.

Novak T P, Hoffman D L, Duhachek A, 2003. The influence of Goal-Directed and Experiential Activities on online flow experiences[J]. Journal of Consumer Psychology,13(1/2):3-16.

Oliver R L, 1980. A cognitive model of the antecedents and consequences of satisfaction secisions[J]. Journal of Marketing Research,17(4):460-469.

Ooi K B, Hew J J, Lee V H, 2018. Could the mobile and social perspectives of mobile social learning platforms motivate learners to learn continuously? [J]. Computers & Education,120(5):127-145.

Pang S, Bao P, Hao W, et al, 2020. Knowledge sharing platforms: An empirical study of the factors affecting continued use intention[J]. Sustainability(5):1-18.

Park J H, Gu B, Leung A C M, et al, 2014. An investigation of information sharing and seeking behaviors in online investment communities[J]. Computers in Human Behavior,31(1):1-12.

Philip M P, Scott B M, Jeong-Yeon L, et al, 2003. Common method biases in behavioral research: A critical review of the literature and recommended remedies [J]. Journal of Applied Psychology,88(5):879 -903.

Polites C K W, Elena Karahanna, Larry Seligman, 2012. A theoretical framework for consumer ESatisfaction and site stickiness: An evaluation in the context of online hotel reservations[J]. Journal of Organizational Computing and Electronic Commerce,22(1):1-37.

Polites G L, Williams C K, Karahanna E, et al,2012. A theoretical framework for consumer E-satisfaction and site stickiness: An evaluation in the context of online hotel reservations[J]. Journal of Organizational Computing and Electronic Commerce, 22(1):1-37.

Reed E S,1996. Encountering the world: Toward an ecological psychology [M]. New York: Oxford University Press.

Rheingold H, 1993. The Virtual community: Homesteading on the electronic frontier [M]. Massachusetts:Addison - Wesley Publishing Company.

Rodrı′guez-Ardura I, Meseguer-Artola A, 2016. E-learning continuance: The impact of interactivity and the mediating role of imagery, presence and flow [J]. Information & Management,53(4):504-516.

Rovai A P, 2003. In search of higher persistence rates in distance education online programs[J]. Internet & Higher Education,6(1):1-16.

Shao Z, 2018. Examining the impact mechanism of social psychological motivations on individuals' continuance intention of MOOCs: The moderating effect of gender[J]. Internet Research,28(1):232-250.

Shao Z, Zhang L, Chen K, et al, 2020. Examining user satisfaction and stickiness in social networking sites from a technology affordance lens: uncovering the moderating effect of user experience[J]. Industrial Management & Data Systems,120(6):1-30.

Shaw R S, 2013. The relationships among group size, participation, and performanceof? programming language learning supported with online forums [J]. Computers & Education,62(3):196-207.

Shea P,Bidjerano T, 2010. Towards a theory of self-efficacy, self-regulation, and the development of a communities of inquiry in online and blended learning environments[J]. Computers and Education,55(4):1721-1731.

Siemens G, 2003. Learning Ecology, Communities, and Networks[EB/OL](2003-10-17)[2020-10-20]. http://elearnspace. org.

Silva D M D, Leal E A, Pereira J M, et al, 2015. Learning styles and academic performance in Distance Education: a research in specialization courses [J]. Revista Brasileira De Gestao De Negocios,17(57):1300-1316.

Stone M, 1974. Cross-validatory choice and assessment of statistical predictions[J]. Journal of the Royal Statistical Society Series B (Methodological), 36(2): 111-147.

Tang J T E, Tang T I, Chiang C H, 2014. Blog learning: Effects of users' usefulness and efficiency towards continuance intention[J]. Behaviour & Information Technology,33(1):36-50.

Teo H H, Chan H C, Wei K K,et al, 2003. Evaluating information accessibility and community adaptivity features for sustaining virtual learning communities[J]. International Journal of Human-Computer Studies, 59(5): 671-697.

Teoa H H, Oh L B, Liu C,et al, 2003. An empirical study of the effects of interactivity in Web user attitude[J]. International Journal of Human-Computer Studies,58(3):281-305.

Tinto V, 1973. Dropout from higher education: A theoretical synthesis of recent research[J]. Review of Educational Research,45(1):89-125.

Turner P, Turner S, 2002. An affordance based framework for CVE evaluation[C]. //Proceedings of the 16th British HCI Conference, London: Springer.

Venkatesh V, Morris M G, Davis G B,et al, 2003. User acceptance of information technology: Toward a unified view[J]. Mis Quarterly, 27(3): 425-478.

Visser J, 1999. Overcoming the underdevelopment of learning: A transdisciplinary view[C]//Annual Meeting of the American Educational Research Association, Montreal, Quebec, Canada: EDRS, 1-15.

Wang X, Chang B, 2020. The impact of the audience's continuance intention towards the vlog: Focusing on intimacy, media synchronicity and authenticity[J]. International Journalof Contents,16(2):65-77.

Wefald A J, Downey R G, 2009. Construct dimensionality of engagement and its relation with satisfaction: The journal of psychology [J]. Journal of Psychology,143(1):91-112.

Weidlich J, Bastiaens T J, 2019. Designing sociable online learning environments and enhancing social presence: An affordance enrichment approach [J]. Computers & Education,142(12):1-17.

Woo J C, 2014. Digital game-based learning supports student motivation, cognitive success, and performance outcomes[J]. Journal of Educational Technology & Society,17(3):291-307.

Wu C H, Chen T C, 2012. Understanding e-learning system usage behavior: An evolutionary psychology perspective[J]. Procedia - Social and Behavioral Sciences,64(11):362-371.

Xu X, Yao Z, Sun Q, 2019. Social media environments effect on perceived interactivity an empirical investigation from WeChat moments[J]. Online Information Review,43(2):239-255.

Yilmaz R, 2016. Knowledge sharing behaviors in e-learning community: Exploring the role of academic self-efficacy and sense of community[J]. Computers in Human Behavior,63(10):373-382.

Yin F S, Liu M L, Lin C P, 2015. Forecasting the continuance intention of social networking sites: Assessing privacy risk and usefulness of technology [J]. Technological Forecasting & Social Change,99(10):267-272.

Yong Y, Han A, Ren J, 2016. Understanding WeChat continuance usage from the perspectives of flow experience, self-control, and communication environment[C]// the 13th International Conference on Service Systems & Service Management. Kunming, China: IEEE.

Yong Y, Han A, Ren J, editors, 2016. Understanding WeChat continuance usage from the perspectives of flow experience, self-control, and communication environment[C]. International Conference on Service Systems & Service Management Kuming, China:IEEE the 13th.

Zhang L, Zhang W, 2013. Real-time internet newsbrowsing:Information vs. experience- related gratifications and behaviors[J]. Computers in Human Behavior,29(6): 2712-2721.

Zhang M, Liu Y, Yan W, et al, 2017. Users' continuance intention of virtual learning community services: the moderating role of usage experience[J]. Interactive Learning Environments,25(6):685-703.

Zhang Y, Fang Y, Wei K K, et al, 2012. Promoting the intention of students to continue their participation in e-learning systems: The role of the communication environment [J]. Information Technology & People, 25(4): 356-375.

Zhang Y, Zhang M, Luo N, et al, 2019. Understanding the formation mechanism of high-quality knowledge in social question and answer communities: A knowledge co-creation perspective[J]. International Journal of Information Management,48(1):72-84.

Zhao L, Lu Y, 2012. Enhancing perceived interactivity through network externalities: An empirical study on micro-blogging service satisfaction and continuance intention[J]. Decision Support Systems,53(4):825-834.

Zhao X,Jr J G L,Chen Q, 2010. Reconsidering baron and kenny: Myths and truths about mediation analysis[J]. Journal of Consumer Research,37(2): 197-206.

Zhou T, 2018. Understanding online knowledge community user continuance: A social cognitive theory perspective[J]. Data Technologies and Applications,52(3): 445-458.

附　录

虚拟学习社区用户的学习机制调查问卷

尊敬的女士/先生：

您好！

我们是中国地质大学"虚拟学习社区用户的学习机制研究"课题组。为深入了解虚拟学习社区用户交互式体验学习现状，研究用户持续性学习意愿与学习绩效的影响因素，请您认真并真实回答下面的问题，以便课题组研究虚拟学习社区用户学习机制，为促使用户持续学习，实现虚拟学习社区的可持续发展，提供运营建议。

本次问卷调查涉及四方面内容，需要占用您5～8分钟的时间。调查取得的资料仅供学习研究使用，课题组将严格保密，绝不外泄，希望能够得到您的支持与配合。非常感谢！

（选择题在相应的数字前打钩√）

一、基本信息

1. 您的性别：□男　　□女

2. 您的年龄：□12～17岁；□18～25岁；□26～35岁；□36～45岁；□46～55岁；□55岁以上

3. 您的文化程度：

□高中及以下；□大专；□本科（□大一；□大二；□大三；□大四）；

□硕士（□研一；□研二；□研三）；□博士

4. 您获得最高学历的学校名称或现在就读的学校名称：

5. 您参加过以下哪个虚拟学习社区（可多选）：

□中国大学 MOOC；□知乎社区；□果壳网；□CSDN；□不使用虚拟学习社区

二、用户交互式体验学习调查

6. 虚拟学习社区能为自己提供有用的信息或知识。

(1)完全不同意　(2)不同意　(3)一般　(4)同意　(5)完全同意

7. 虚拟学习社区能帮自己结识朋友。

(1)完全不同意　(2)不同意　(3)一般　(4)同意　(5)完全同意

8. 虚拟学习社区能提高自己的学习效率。

(1)完全不同意　(2)不同意　(3)一般　(4)同意　(5)完全同意

9. 自己感觉是虚拟学习社区中的一员。

(1)完全不同意　(2)不同意　(3)一般　(4)同意　(5)完全同意

10. 自己觉得虚拟学习社区中有些人是自己的朋友。

(1)完全不同意　(2)不同意　(3)一般　(4)同意　(5)完全同意

11. 在虚拟学习社区中，自己有很强的归属感。

(1)完全不同意　(2)不同意　(3)一般　(4)同意　(5)完全同意

12. 如果有新的知识收获，自己会主动与虚拟学习社区的朋友分享。

(1)完全不同意　(2)不同意　(3)一般　(4)同意　(5)完全同意

13. 自己愿意与虚拟社区的朋友保持交流。

(1)完全不同意　(2)不同意　(3)一般　(4)同意　(5)完全同意

14. 自己在虚拟学习社区中的提问能得到他人的回应。

(1)完全不同意　(2)不同意　(3)一般　(4)同意　(5)完全同意

15. 自己能方便地在虚拟学习社区中获取学习资源。

(1)完全不同意　(2)不同意　(3)一般　(4)同意　(5)完全同意

16. 自己能方便地在虚拟学习社区中发表观点或分享观点。

(1)完全不同意　(2)不同意　(3)一般　(4)同意　(5)完全同意

17. 自己周围有很多人在虚拟学习社区学习。

(1)完全不同意　(2)不同意　(3)一般　(4)同意　(5)完全同意

18. 自己可以用手机、电脑、PAD 等多种终端在虚拟学习社区中学习。

(1)完全不同意　(2)不同意　(3)一般　(4)同意　(5)完全同意

19. 自己能用 QQ、微信、微博等软件分享我的学习成果。

(1)完全不同意　(2)不同意　(3)一般　(4)同意　(5)完全同意

三、用户持续性学习意愿调查

20. 自己在虚拟学习社区所获得的体验比预期得好。

(1)完全不同意 (2)不同意 (3)一般 (4)同意 (5)完全同意

21. 自己在虚拟学习社区所获得的收获比预想得大。

(1)完全不同意 (2)不同意 (3)一般 (4)同意 (5)完全同意

22. 虚拟学习社区设计的学习环境能让自己专注于学习,不想其他事情。

(1)完全不同意 (2)不同意 (3)一般 (4)同意 (5)完全同意

23. 当自己在虚拟学习社区学习时,觉得时间过得飞快。

(1)完全不同意 (2)不同意 (3)一般 (4)同意 (5)完全同意

24. 当自己在虚拟学习社区学习时,能够沉浸于学习活动中。

(1)完全不同意 (2)不同意 (3)一般 (4)同意 (5)完全同意

25. 在虚拟学习社区中,自己对虚拟学习社区的学习过程满意。

(1)很不满意 (2)不满意 (3)基本满意 (4)满意 (5)非常满意

26. 在虚拟学习社区中,自己对自己的学习效果感到满意。

(1)很不满意 (2)不满意 (3)基本满意 (4)满意 (5)非常满意

27. 在虚拟学习社区中,自己对学习的交往沟通过程感到满意。

(1)很不满意 (2)不满意 (3)基本满意 (4)满意 (5)非常满意

28. 在虚拟学习社区中,自己对虚拟学习社区的知识内容感到满意

(1)很不满意 (2)不满意 (3)基本满意 (4)满意 (5)非常满意

29. 未来自己打算继续使用虚拟学习社区。

(1)完全不同意 (2)不同意 (3)一般 (4)同意 (5)完全同意

30. 自己愿意将虚拟学习社区推荐给其他人使用。

(1)完全不同意 (2)不同意 (3)一般 (4)同意 (5)完全同意

31. 如果时光倒流,让自己再次选择,仍会选择该社区学习。

(1)完全不同意 (2)不同意 (3)一般 (4)同意 (5)完全同意

四、学习绩效调查

32. 在没人指导的情况下,自己可以独立自主地使用虚拟学习社区进行学习。

(1)完全不同意 (2)不同意 (3)一般 (4)同意 (5)完全同意

33. 如果自己有足够的时间,会使用虚拟学习社区开展学习。

(1)完全不同意 (2)不同意 (3)一般 (4)同意 (5)完全同意

34. 自己对使用虚拟社区进行学习的能力充满信心。

(1)完全不同意　(2) 不同意　(3) 一般　(4) 同意　(5) 完全同意

35. 根据印象,您使用虚拟学习社区至今已有多久。

(1)从没使用过　(2) 三个月　(3)半年　(4)1 年　(5) 1 年以上

36. 您大概一天登陆几次虚拟学习社区。

(1)从没登陆过　(2) 1 次　(3) 2 次　(4) 3 次　(5) 4 次以上

37. 您在虚拟学习社区中每次持续学习时间大约是多久?

(1)从没学习　(2) 1～5 分钟　(3) 6～30 分钟　(4) 30～60 分钟

(5) 60 分钟以上

38. 自己具备获取资源、发布消息和交流协作等相关的信息技术技能。

(1)完全不同意　(2) 不同意　(3) 一般　(4) 同意　(5) 完全同意

39. 自己掌握了社区中学习的方法和规则,很适应这样的学习方式。

(1)完全不同意　(2) 不同意　(3) 一般　(4) 同意　(5) 完全同意

40. 自己能利用社区提供的个性化知识管理工具,如收藏、关注、标签、笔记等学到的知识内容。

(1)完全不同意　(2) 不同意　(3) 一般　(4) 同意　(5) 完全同意

41. 通过在社区中的学习,自己的专业知识技能得到了提升。

(1)完全不同意　(2) 不同意　(3) 一般　(4) 同意　(5) 完全同意

42. 通过在社区中的学习,自己上网查找资料的能力有所提高。

(1)完全不同意　(2) 不同意　(3) 一般　(4) 同意　(5) 完全同意

43. 自己通过社区结识了朋友。

(1)完全不同意　(2) 不同意　(3) 一般　(4) 同意　(5) 完全同意

44. 在社区的学习过程中,自己提出的观点能够得到其他参与者的认可。

(1)完全不同意　(2) 不同意　(3) 一般　(4) 同意　(5) 完全同意

非常感谢您参与本次问卷调查活动!

后 记

本书是中国成人教育协会"十四五"成人继续教育科研规划课题"过程视角下虚拟学习社区用户的学习机制研究"(2021-182Y)的研究成果。

该课题起源于2018年中国地质大学(武汉)远程与继续教育学院的"基于动态过程视角的虚拟学习社区用户学习绩效研究"研究项目。在学院项目经费资助下,该课题取得了一定的研究成果。随着研究的深入,研究问题由表层的用户学习绩效升华为本质的用户学习机制,旨在探究虚拟学习社区用户学习过程的一般规律,以便为虚拟学习社区的实践开发与优化设计提供理论参考与实践指导。

在本书的撰写过程中得到了各位老师、领导、同事和朋友们的大力帮助。

衷心感谢帅传敏教授的潜心指导和细心帮助,全书框架、研究方法和研究过程,帅老师都给予了细致的指导。感谢经济管理学院的朱镇教授、於世为教授、郭海湘教授、余静教授、赵晶教授、郭明晶副教授为全书的结构以及数据处理方法提出的宝贵建议。感谢李文静博士、刘靖博士、周敏硕士在研究中提供的帮助。

感谢华中科技大学的贺晓敏老师、周学斌老师,中国地质大学(武汉)的时红莲老师、何水明老师、郝国成老师、翁华强老师,武汉科技大学的周文利老师,武汉工程大学金豪老师,武汉职业技术学院的万彪老师、陈觎老师,华北电力大学的李素峰老师以及在全国各地院校任教的朋友们,感谢他们协助课题组发放和收集问卷,帮助获得了宝贵的研究数据,为研究提供了极大的支持。

最后,借此机会感谢中国地质大学(武汉)远程与继续教育学院隋明成院长,王兴、刘雪梅、刘东杰三位副院长的指导和帮助,感谢余心根、吕国斌、成中梅、余必胜、龚丽、贺亚锋、汪建军、朱翠云、蒋凌雁、杨红、田峰、白涛的支持和鼓励。本书的出版受到学院项目经费资助,感谢学院对该课题的培育。

本书在撰写过程中,参考了国内外学者的相关研究成果,感谢所有给本书写作以启发和借鉴的专家学者。由于理论功底和水平有限,本书存在诸多不足和尚待完善的地方,恳请读者批评指正。

宋慧玲

2022年5月